浄土への誘《いざな》い

――想いが伝わる「引導」集

浄土宗 龍王山 清浄院 高岸寺
住職
長谷川善文

講談社エディトリアル

はじめに

「引導《いんどう》」、「引導下炬《いんどうあこ》」という言葉をご存知ですか。通常、「引導」と聞くと、ビジネスにおいては、上司が部下に対して退職を促す時や、取引先との契約を解除するといった場合に用いられるため、あまりいい意味ではないと思われているのではないでしょうか。ちなみに「引導を渡す」を辞書で調べてみると、「一、僧が死者に引導を授ける。二、相手の命がなくなることをわからせる。あきらめるように最終的な宣告をする場合などにいう」(『新選国語辞典 新版二十一版』小学館)とあります。

実は、「引導を渡す」は仏教用語で、もともとは「人々を仏道《ぶつどう》に引き入れて導く」ことからきています。また、葬儀の際には、僧が棺《ひつぎ》の前で、死者が迷うことなく悟りを開けるよう、まずは亡くなったことを死者に理解させる法語《ほうご》を唱える行為を意味していました。そこから転じて、現代では主に「相手に諦めさせるための最終宣告」という意味を持つ言葉となったのです。しかし本来は、「特に衆生《しゅじょう》(人々)を仏道に引き入れ、導くことを意味する。葬儀においては導師《どうし》（僧侶）が新亡《しんもう》（故人）に対し法語（お経や仏の教えを説いた語句）を与え、行くべき世界を教示すること」（『新纂浄土宗大辞典』Web版）なのです。

引導は、基本的に三部構成になっており、最後に餞別《せんべつ》の一句で締めくくります。

第一部　法語または季節の言葉
第二部　戒名《かいみょう》授与と故人の経歴
第三部　法語（第一部の法語の続きや関連したもの）

つまり、引導は、法語を基調としつつ、その中に戒名授与や故人の経歴紹介も盛り込んで、冒頭から最後の締めくくりの餞別の一句まで、浄土に送り出すのに相応《ふさわ》しい格調高く仕上げられた〝ひとつのストーリー〟のようになっているのです。

もう少し掘り下げると、引導は、故人に対して現世での功績をたたえるとともに、来世に向かって一歩を踏み出して欲しいという「はなむけの言葉」であり、長く看病されてきた遺族の方々にとっては「ねぎらいの言葉」でもあるのです。さらに、葬儀の参列者にとっては、故人の人生や功績、人となりといったことを共有する「故人への感謝の念を抱く機会」ともなるのです。

いつの頃からか、拙僧《せっそう》は引導を事前に二部作成し、そのうち一部を葬儀の直前、または葬儀の後で遺族に手渡すようになりました。遺族によってはその引導を手元で保管され、故人を偲《しの》ぶために時おり読み返されることもあります。また、一年後の一周忌や二年後の三回忌の法事の際、拙僧が改めて故人の引導に触れて法話《ほうわ》に盛り込むこともあります。見方によっては、引導はある意味、故人の生きざまを示すものであり、遺族にとっては故人の形見のようなものとして、後世まで引き継がれる大切なものとなり得るのです。

引導は仏教的な教えそのものであることから、先祖の引導が轍《わだち》となって、子孫を宗教的に正しい方向に導く遺言のような役割を果たすものであって欲しいと拙僧は願っています。さらに、そこから翻《ひるがえ》って、自分の死後、「家族や知人の前でどのような引導を読み上げてもらいたいか」という考え方でいると、自ずと現世での生き方そのものも宗教的によい方向に変わってくるのではないでしょうか。

実は、近代において、お葬式やそれに続く行事が簡略化されてきたことに伴い、この引導の風習も徐々に簡易的なものになりつつあります。しかし文字通り、わたしたちを引き入れ導いてくれるこうした引導の風習は、後世に伝えていくべきだと思っています。

近い将来も見渡せないこの世の中にあって、これまで作成した引導のいくつかをご紹介することで皆さまのこれからの生き方についての何かの指針にもなり得るのではないか、との思いから、本書をしたためることにしました。宗派や真理の違いから異論のある話もあるかもしれませんが、拙僧の想いや考えをもとにした読み物として捉えていただければ幸甚です。

目次

浄土への誘《いざな》い

装幀／KEISHODO GRAPHICS（竹内淳子）
写真／長谷川善文（著者）

第一章　引導とは？

一般的な葬儀の流れと引導

最近はいろいろと簡素化されつつあるお葬式ですが、従来の慣習ですと、まず第一日目に「枕経《まくらぎょう》」、その夜もしくは第二日目に「通夜《つや》」、そしてその翌日に「葬儀式（告別式）」と「荼毘式《だびしき》（火葬場での回向《えこう》）」という手順で粛々と進められてきました。どの儀式もそれぞれ大切で意味のあるものですから、その意味合いも含めて、順にご紹介します。

「枕経」の前に、訃報《ふほう》がお寺に入ります。近隣のお檀家《だんか》さんなら、直接お寺まで来て訃報をお知らせくださいます。それを受けて、僧侶はお寺にある弥陀三尊《みださんぞん》の来迎図《らいごうず》の掛け軸と守り刀をお檀家さんに渡し、自らは準備（着替えなど）を整えて故人宅に伺います。

故人宅に到着すると、既に訃報を聞いた人々が故人を偲《しの》んで集まっておられ、拙僧《せっそう》が導師《どうし》となって「枕経」の作法と読経《どきょう》を執り行います。この「枕経」は、もともとは「臨終《りんじゅう》行儀《ぎょうぎ》」が現在の「枕経」に代わったものです。

「臨終行儀」の「臨終」とは、臨命終時《りんみょうじゅうじ》の略で、命の終わる死の時に直面すること、またその時を指します。また「行儀」とは、仏教における修行の方法や形態のことを言います。すなわち、臨終行儀とは、「死に際して求められる仏教的な心身の在り様と実践を指す」（『新纂浄土宗大辞典』Web版）のです。つまり、人は生かされている状態で、僧侶を迎えて法語《ほうご》（仏教のお話）やお経を聞きながら自らの「死」を受け入れ、阿弥陀如来《あみだにょらい》に任せて安心して極楽浄土へ往生《おうじょう》するということなのです。したがって、枕経の時、故人はまだ布団に寝かされていることがその名残と言えます。

そして、僧侶はまず遺族に拝顔の許可を得てから、「末期《まつご》の水」を手向《たむ》けます（「末期の水」とは、自身の最期を悟った釈迦《しゃか》が口の渇きを訴えた際に、信心深い鬼神が水を捧げたことに因み、死に行く者に喉を潤して安らかに旅立ってほしいとの想いを儀式としたものです）。ここから、一連の葬儀を精一杯執行させていただく、という決意を故人や遺族の皆さまに伝えるべく読経します。

読経が終わり、振り向いて喪主さんはじめ皆さんと「同称十念《どうしょうじゅうねん》」（全員で南無阿弥陀仏《なむあみだぶつ》を十回称《とな》えること）する時、それぞれの顔を順に観《み》ながら十念します。

喪主さんあるいは親族の方から、拙僧に故人の死亡日や死亡原因などが伝えられますが、その際、拙僧は喪主さんをはじめとする遺族の方々に、改めて故人様の略歴を書面にまとめていただくよう依頼します。この略歴は、引導作成の礎《いしずえ》になるとともに、遺族の方々には、略歴の作成という作業を通して故人の人柄や歩みを振り返ってもらう手段ともなり得るのです。そうすることで、懐かしい思い出やお世話になったことなどが思い起こされ、感謝の念が湧き、次第に深い悲しみから離れ、立ち直り（復活）へと進んでいきます。拙僧は、グリーフケア（遺族ケア）の一つとなればと望みながら、略歴の作成をお願いしているのです。

こうした遺族による略歴のまとめに加えて、拙僧の方から故人のこれまでの歩みやご趣味、大切にされていたことなど、いろいろと聴取することもあります。こうして遺族が作成した略歴や、拙僧が遺族から聴取した内容を基に引導を作成するのです。

次に「通夜」の法要があります。法要後の簡単な法話《ほうわ》の中で、戒名《かいみょう》についての説明をしています。具体的には、戒名に用いた言葉を選択した理由や、その意図するところ、さらには仏教用語での意味合いなど、拙僧が戒名に込めた想いをお伝えするのです。

浄土宗の戒名は、厳密にいえば位号《いごう》の直前の二文字です（左記の○○に入る部分が戒名に相当します）。

例：△△院▽誉□□○○禅定門

戒名の構成としては、△△院＝院号《いんごう》、▽誉＝誉号《よごう》、□□＝道号《どうごう》、○○＝戒名、禅定門《ぜんじょうもん》＝位号から成ります。位号は、禅定門の他に、禅定尼《ぜんじょうに》、信士《しんじ》、信女《しんにょ》、居士《こじ》、大姉《だいし》、童《どう》子《じ》、童女《どうじょ》、水子《すいし》などがあります。誉号や禅定門、禅定尼があるのが浄土宗の特徴で、これらは五重相伝会《ごじゅうそうでんえ》を受けた方という証《あかし》のようなものです（受戒会《じゅかいえ》でも戒名を授かることができます）。つまり五重相伝会を受けた方は生前に戒名を授与されているのです。なお、ここでは五重相伝会の説明は省略します。

生前に五重相伝会にご縁のなかった方は、まだ戒名がないので新たに考えることになります。具体的には、先に聴取した事柄を参考に、仏教用語や慣用句や俳句・和歌、あるいは論語なども参考にしつつ、故人のお人柄や業績を表すのに相応《ふさわ》しい言葉を導き出します。なお、「引導」と「戒名」は、ともに故人の略歴やお人柄から作られるものですから、双方が関連付けられるものになることは必然です。遺族にとって「戒名」は初めて聞く故人の新しい名前のようなものですが、葬儀の中の「引導」で関連付けられた法語などと一緒に触れることで、徐々に故人の「戒名」を受け入れてもらえると思っています。

そして「葬儀式」です。「引導」はこの時までに完成しています。導師をはじめ僧侶たちが入場して、読経が始まります。阿弥陀如来をお迎えするお経から始まり、そして「引《いん》導下炬《どうあこ》」、弔辞、さらにお経とお念仏で締めくくられます。

導師はこの時が来ると焼香をして二本の松明《たいまつ》と払子《ほっす》と「引導下炬」を薫《くん》じてから徐《おもむろ》に立ち上がります。棺《ひつぎ》の直前まで進み、一歩控えるために下がり松明、払子、「引導下炬」を右手に持って悠然と一円相《いちえんそう》を描きます。そして、松明を一本（厭離穢土《えんりえど》）落とします。「引導下炬」を読むために、もう一本の松明と払子を持ち直してから「引導下炬」を朗々と読み始めます。役僧の僧侶も喪主さんをはじめ遺族の皆さんも、また参列されている方々も水を打ったような静寂の中、導師一人が読み上げる「引導下炬」は「葬儀式」の中心、肝心要《かなめ》だと思っています。

「枕経」から始まって「葬儀式」の読経と作法を整えて導師が読む「引導下炬」は、故人の耳に届くと聞いたことがあります。故人にとってこの世で聞く最後の言葉なのです。だからこそ「引導」はとても重要なものとなります。

引導作成の手順

訃報を聞いて枕経に向かう時点から、拙僧は、どのような引導を作成しようかと考えを巡らせ始めます。故人宅に向かう道中の自然や天候から何か得られはしないかと、感性を研ぎ澄ませて一生懸命何かを感じようとします。枕経の読経が終わり、振り向いて「同称十念」をする時、遺族の皆さんのお顔を観《み》て、その表情などから故人への想いを汲《く》み取るようにしています。

また、前述したように、遺族にしたためてもらった故人の略歴や拙僧が聴取した故人の功績、人となりから、引導に記載するのに相応しい事項やキーワードを抽出するようにしています。たとえば故人の趣味が写真であったならば、「写真」→「写る」から「鏡」や「自身の心を映す」あるいは「一味写瓶《いちみしゃびょう》」などの仏教用語、さらには被写体となる「花＝華」や「空（そら、クウ）」、「雲＝紫雲、慈雲」などなどを思い描き、考えを巡らせて発想を膨らませていくのです。

拙僧は書道をたしなんでいるのですが、書道の月刊誌である競書雑誌「道門」の課題が仏教用語や四季折々の言葉であることが多く、改めて言葉の意味を学ぶ機会ともなり、引導や戒名の作成の際の参考となっています。また、書道の古典である王羲之《おうぎし》の「蘭亭序《らんていじょ》」、「李嶠詩《りきょうし》」の訓《よ》み下し文をアレンジして引導文にできないかと思案したりもします。

時には漢詩にも興味を持って読むようにしています。訓み下し文の意味は難しいのですが、耳に聞こえてくる「音《おん》」と「リズム」が心地よく、拙僧が目指す引導に近いものを感じます。また、それらの言葉が故人の耳にも「恵風和暢《けいふうわちょう》」に聞こえるように思えてならないのです。

「天朗らかに気清く、恵風和暢す。仰いでは宇宙の大なるを観《み》、俯《ふ》しては品類《ひんるい》の盛んなるを察す。」(「蘭亭序」)

〈現代語訳〉

「天空はほがらかに晴れて空気は澄みわたり、そよ風はやわらいでのどかであった。ふり仰ぐと宇宙の広々としたさまが見わたせ、俯《うつむ》くと万物の盛んなさまが明らかに見てとれる。」

「蘭亭序」は、王羲之が書いた書道史上最も有名な書作品の一つです。

第二章　引導の作り方

拙僧の「引導」の作り方

では過去、実際に作成した「引導《いんどう》」を、説明を加えながら紹介しましょう。

平成二十年二月のお葬式は大変寒い冬でしたので、はじめに「雪、寂しさ、哀《かな》しみ」といった言葉を連想しました。しかし、浄土へ往生すると阿弥陀如来《あみだにょらい》の光に照らされ、暖かく安心して過ごすことができる、と故人に伝えたくなりました。このため、「雪、寂しさ、哀しみ」などすべてが解かれ、阿弥陀如来の大慈悲心《だいじひしん》につつまれる、という物語にしようと思いました。

引導《いんどう》下炬《あこ》

平成二十年二月〇日寂

享年七十三歳

〇〇〇〇〇〇〇　〇〇〇〇〇〇〇

〇〇〇〇〇〇〇〜：五重相《ごじゅうそう》

○○○○○○　○○○○○○○

――第一部――

北より風が吹き厚い暗い雲が来たりて
大地が冷え込み、雪が舞い降りる
先人たちはこの雪を花に見立てて
天花《てんか》、瑞花《ずいか》と称してめでたきものと例える
然《しか》れども人々は寒さに凍え
背は縮まり息を潜めて心沈める
雪空が長く経てば
あたり一面を清　浄《しょうじょう》なる白銀《はくぎん》が覆いつくす
車が通れば氷の轍《わだち》をつくり

伝会《でんえ》を受けられた方には、特別な偈文《げもん》を読む。

北より風が吹き〜：山奥の自然のありさまを表現するとともに、雪が天（極楽浄土）より舞い降りてくることを、ある種の如来《にょらい》のお迎えのように伝えたい。

雪・寒さ：悲哀を表している。

轍・足跡：人生にたとえている。

人が歩けば足跡固まる
やがて陽《ひ》が差せば雪は解けるも
陽の当たらぬ所は未だ冷たき残雪となる
人にもあたたかい陽が当たれば
心と情が温まる
然れども陽が当たらざれば
悲しみ悲哀は残雪の如く
心の奥底に静かにとどまる

――第二部――

今ここに浄土に旅立つ者あり
仮の世の名○○○○こと送る戒名《かいみょう》を

陽・解ける：往生ということをイメージさせている。

戒名について
戒名とは亡くなった時にもらうものだと思われがちだが、本来は仏教に帰依《きえ》し、仏弟子となった証として付けられるもので、浄土宗の檀信徒であれば「授戒会《じゅかいえ》」「五重相伝会」を受けて生前に戒名を頂くのが良いとされている。

蓮修院法誉行願敏慧居士《れんしゅいんほうよぎょうがんびんえいこじ》と号す
諦聴《たいちょう》せよ　思念せよ

蓮修院は昭和十年二月十七日
父〇〇〇〇殿、母〇〇様の次男として
受け難き人身《じんしん》を受く
長じて、地場産業信楽焼《しがらきやき》の会社〇〇〇〇に
長年勤務しながらも
先祖代々から受け継いだ農業を立派にやり遂げる
家庭においては昭和三十九年二月に
〇〇様と二世《にせ》の契《ちぎ》り結ぶ
二男一女の子宝に恵まれ、よく養育する

蓮修院法誉行願敏慧居士：
構成は次の通り。
　蓮修院―院号
　法誉―誉号
　行願―道号
　敏慧―戒名
　居士―位号
蓮修は「蓮修必読」「蓮宗」から。また亡妻の戒名「蓮華白光」と似せる。
以下は先代が戒名を授与しており、次のような意味と思われる。
法誉＝仏教の教え。法。
行願＝菩薩の修する四摂、六度。
敏慧＝慧敏。利口で反応が早いこと。

昭和五十四年、当山高岸寺《こうがんじ》において
五重相伝《ごじゅうそうでん》の会座《えざ》に連なり
蓮宗《れんしゅう》の奥義《おうぎ》を授かりては菩提寺《ぼだいじ》の護持興隆に尽力する
然れども平成十四年十二月に妻○○様に先立たれ
悲しみにくれ
一日たりとも心晴れることは無し
事あるごとに回向《えこう》し面影を偲《しの》んでも妻の姿は今は無し
好きな酒を飲み
悲しみから離れようとも離れられず
妻の在り様が思い起こされ
また悲しみにくれる
心の雪の解けることなく暮らす最中《さなか》

蓮宗＝浄土宗

平成二十年二月〇日
深く悲しみを抱きながら
忽然《こつねん》として倒れ、命尽きて他界に入《い》る
霊位《れいい》この世にあること七十有余年
未だ心残り一つありながら無念のまま眠る
これも阿弥陀仏《あみだぶつ》の計らいか
妻の七回忌のお迎えか

——第三部——

陽の当たる、当たらぬも
風を受けるも、受けざるも
雨の降る、降らぬも

陽の当たる、当たらぬも‥
陽・風・雨・雪
春・夏・秋・冬
青・赤・白・黒
清浄心・光明・恩恵・大慈悲心
これらを言葉のリズムを感じながら用いて作成する。

雪のつもる、解けるも
全てはこの大千世界《だいせんせかい》の中にあり
新緑の青春は如来《にょらい》の清 浄心《しょうじょうしん》
燦燦《さんさん》と輝く陽の朱夏《しゅか》は如来の光明《こうみょう》
実りの後のまぶしく輝く白秋は如来の恩恵
低く黒い空の玄冬《げんとう》の世界は如来の大慈悲心
霊位よろしく如来の大慈悲心を受け
直ちに浄土の道に進まんことを願う

今や別れに臨《のぞ》み一句を以《もっ》て餞《はなむけ》とせん

今は冷たき残雪もいずれは解けて春になる

残雪：心残りをイメージ。

お迎え来たりて哀しみの紐解《ひもと》かれ浄土に参る

紐：現世の縛りや束縛をイメージ。

令声不絶具足十念称《りょうしょうふぜつぐそくじゅうねんしょう》
南無阿弥陀仏《なむあみだぶつ》

ここで、冒頭に出てくる「引導下炬」の「下炬」、また最後から二行目の「令声不絶具足十念称」という言葉について、『新纂浄土宗大辞典』Web版に沿って説明しておきます。この二つは、本書に出てくる引導のすべてに登場しますので（ただし一ヵ所だけ、「引導下炬」が「香語」に変わっていますが）。

下炬＝引導を渡す儀式。もともとは、遺体を焼く薪などに火を点ずることでした。後には、その作法を意味するようになり、さらに、引導文を合わせたものをも意味することとなりました。現在では、葬儀式の時に導師が炬火《たいまつ》を持って引導の句を授けることをいいます。

令声不絶具足十念称＝声をして絶えざらしめ、十念を具足して、南無阿弥陀仏と称す故人に対して、十念（南無阿弥陀仏を十回声に出して称えること）を具足（具え足りている／十分に備わっている）してもらうために引導下炬の最後に拙僧の地域では称えますが、地域によっては異なる場合があります。

具足十念＝南無阿弥陀仏の念仏を十声称えること。『無量寿経』の第十八願には「もし我仏《われほとけ》を得たらんに、十方の衆生、至心に信楽《しんぎょう》して、我が国に生ぜんと欲して、乃至《ないし》十念せんに、もし生ぜずんば、正覚《しょうがく》を取らじ」と説かれている。

さて、故人は既に五重相伝会を受けられていたので、戒名は「法誉行願敏慧」が授けられていました。これは、拙僧の先代の住職が授けた戒名です。先代は「法＝仏教の教え、行願＝菩薩の修する願い、他を解脱《げだつ》させようとする慈悲の心という仏教用語、敏慧は語順を入れ替えて慧敏＝利口で反応が早い」と考えて授けたのだろうと想像しました。そこで私は、故人の今日までの菩提寺への護持興隆への協力と信仰心を加味して、院号を授与することにしました。

その「蓮修院」の院号を授与するにあたっては、先に亡くなられた奥様の戒名「蓮華白光」と関連付けるべく、「蓮」に関連する言葉を選びたいと考えました。漢和辞典を調べると、「蓮」にちなんだ言葉として「蓮宗」、「蓮門」（中国において広く浄土教を信仰する者の集団をいう）、「蓮台」（仏像の台座）などが記載されていました。「蓮宗」の読みを踏まえたまま、浄土教を信仰する者という意味を活かすべく、「宗」を「修」に振り替えて「蓮修院」としました。「修める」（正しく整える）という字に振り替えたのは、「浄土教をよく修められました、お疲れ様でした」というねぎらいの意味を込めたいとの意図があったからです。

では、ここから、引導の内容について詳細に解説します。

――第一部――

導入としてその時の季節の言葉を用い、その時節の情景を表すことがあります。これは、遺族にとって故人の命日は特別なものですから、引導にその時の情景、季節の言葉を盛り込むことで、輪廻《りんね》のように巡りゆく四季の移り変わりとともに、故人に思いを馳せる基因としてもらうという意味合いがあるのはもちろんのこと、我々人間も自然界で生かされているという認識を持ち、命の大切さに改めて気づくことができれば、と考えてのことです。

大自然の中では、人間だけでなく、動物や植物など無数の生き物の命が互いに密接に関わりあって存在しています。と同時に、命の尽きる時というのは、単にその生き物の生命力によるものだけでなく、森羅万象《しんらばんしょう》の何らかの力も相まって寂滅為楽《じゃくめついらく》の時を迎えるのだと思います。すなわち、人の生死もまた、自然の摂理には抗《あらが》えないということなのです。

また、よくお葬式の喪主さんのあいさつに「故人も草葉の陰から私たちを見守ってくれていることでしょう」という言葉が用いられます。「草葉《くさば》の陰」の本来の意味は「埋葬墓」のことを示しており、この言葉は「故人があの世から見守っていてくれる」ということを表しています。しかし、拙僧には故人の魂が、ある一定の期間（例えば中陰《ちゅういん》の四十九日間）、この自然界に留まっており、文字通り身近にある草葉の陰から遺族をひっそりと見守っているように思えるのです。そしてそうであって欲しいとも願っているので、故人の命日の自然の情景を引導に盛り込むようにしています。

この「引導」では、厳冬の二月をどのようにして法語と餞別《せんべつ》の一句に関連付けていくか考えました。

信楽《しがらき》の二月はとても寒く、雪も降ったので、このことから想像できることをいろいろと探りました。「天花」、「瑞花」という言葉の「天」は極楽浄土、そこから降りてくる「雪」は浄土からのお迎えに例えようと考えました。「氷の轍」は危険なものでもあるので、人生は順風満帆ではないと示し、「足跡」はその人のまさに足跡、人生を表します。故人の「心残り」は残された家族のことであり、「残雪」に例えて簡単には溶けない（解けない）、春になるまでは解けないほど「心残り」が解消されるのには時間がかかることを伝えたかったのです。

しかし、太陽の恵み、陽《ひ》の光が仏様からの恩恵となるように考えると、陽が当たれば「雪」が解けます。人が仏様を信じ、仏光《ぶっこう》に照らされたなら、冷たくなった心も解けるという文章になるように作成しました。

――第二部――

故人の生誕から鬼籍《きせき》に入るまでのことを書きました。

できるだけ遺族の方々に伺った略歴を基に作成しています。浄土宗では、五重相伝会を受けたことは重要なことなので、極力引導に組み込みます。そのほか先に亡くなられた奥様との関わりを推測して表現しました。

――第三部――

最後のまとめとなるように仏教的な要素を強めにしながらも、自然のありさまと融合させて浄土へ送る文にしました。ここでは春夏秋冬の季節の移り変わりや青赤白黒といった色の対比、そして言葉（音節）が生み出すリズム感にも配慮しています。というのも、引導は読み上げるものですので、会葬者が聞き取りやすいように、またおぼろげながらでも映像としてイメージしたり、宗教観に入り込んだりしやすいように、間《ま》の取り方や同音異義語にも配慮して作り上げるようにしました。

第三章　引導の例

これより、今までに作成した引導文のいくつかをご覧いただきます。季節感を連想していただきたいので、一月から順に四季折々の言葉も含めてご紹介します。

一月　小寒・大寒【しょうかん・だいかん】

水沢腹堅《さわみずこおりつめる》（沢の水が堅く凍る。）
氷の楔《くさび》　氷紋《ひょうもん》　氷の花　氷の鏡　氷面鏡《ひもかがみ》
快雪時晴《かいせつじせい》（晴れ上がった冬景色の様子。）
修身慎行《しゅうしんしんぎょう》（身を修め、行いを慎む。）
瑞色含春《ずいしょくがんしゅん》（めでたい景色が春を含む。）
長楽萬年《ちょうらくまんねん》（長く尽きない楽しみ。）
瑞烟呈福壽《ずいせんていすふくじゅを》（めでたき祥雲が幸福と長寿を呈している。）

引導《いんどう》下炬《あこ》

盧舎那《るしゃな》我今は、蓮花台《れんげだい》に坐す
周匝《しゅうそう》せる千の花の上にも、また千の釈迦《しゃか》現る
一つの花に百億国、一国一国に釈迦現《おわ》す
各々《おのおの》菩提樹《ぼだいじゅ》に坐して、一時に仏道を成《じょう》ず
かくの如き千百億の、盧舎那本身《ほんじん》
千百億の釈迦は、各々無数の衆生《しゅじょう》と接し
倶《とも》に来たりて我が所に至り、我が仏戒《ぶっかい》を誦《じゅ》するを聴く
甘露《かんろ》の門は則《すなわ》ち開き、この時千百億の釈迦は
還《かえ》って本《もと》の道場に至り、各々菩提樹に坐して

令和二年一月〇日寂
享年三十六歳

盧舎那我今は～：「梵網《ぼんもう》経《きょう》」より抜粋。
我今盧舎那　方坐蓮花臺
周匝千花上　復現千釋迦
一花百億國　一國一釋迦
各坐菩提樹　一時成佛道
如是千百億　盧舎那本身
千百億釋迦　各接微塵衆
倶來至我所　聽我誦佛戒
甘露門則開　是時千百億
還至本道場　各坐菩提樹
誦我本師戒　十重四十八

盧遮那＝宇宙の真理を全ての人に照らし、悟りに導く仏。

我が本師《ほんし》の戒《かい》、十重四十八《じゅうじゅうしじゅうはち》を誦す

昨日の麗《うるわ》しき花の色今いずこ
過日の芳《かんば》しき花の香り今いずれ
その行方を知らずその所在を見ず
草葉《くさば》に宿る一滴の白露《びゃくろ》散ってあとなく
雲間に浮かぶ一輪の明月《めいげつ》去ってかげなし

今ここに浄土に旅立つ者あり
仮の世の名○○○○こと送る戒名《かいみょう》を
大覚淳真正信士《たいがくじゅんしんしょうしんじ》と号す
諦聴《たいちょう》せよ　思念せよ

周匝＝周りをとりまくこと。

十重四十八＝十重禁戒（出家・在家の菩薩が必ず守るべき十種の戒）と四十八軽戒（十の重い戒に対して、比較的軽い罪を戒めた四十八の戒）。

大覚淳真正信士：「淳」＝あつい。真心がある。「真俗一貫」＝出家者、在家者の区別なく（戒を守ることに）一貫している。

また「梵網経」（戒につい

霊位《れいい》は昭和五十九年三月二十三日
父○○○○殿、母○○様より
美濃《みの》の国にて受け難き人身《じんしん》を受く
長じて、縁《えにし》調《ととの》いて妻○○様と二世《にせ》の契《ちぎ》りを結ぶ
これ時平成十九年三月二十三日
近江《おうみ》の国信楽《しがらき》町杉山《すぎやま》において新たに○○家を築くため
仕事に励みよく世間と交わる
平成二十四年には待望の第一子を授かり○○と名付け
手間を惜しまず労を厭《いと》わず、慈愛をこめて
我が息子の将来を夢見てよくよく養育する
然《しか》るに何ぞ令和となりて初めての正月

て書かれているお経）に「一切の心有る者皆まさに仏戒を摂《と》るべし　衆生仏戒を受くれば即ち諸々の仏位に入る位《くらい》大覚に同じうして已《おわ》れば真にこれ諸々の仏子なり」とある。

「淳」とその意味、受戒を受けて戒名を授かる趣旨等から先述の「真俗一貫」「梵網経」「家族の名前」より戒名を集字し。ご子息「○○」君の読みに似せて「だい」を「たい」と読み替え、本人と「奥様の名前」を「真」の字で堅く繋がれるよう強く念じて戒名とした。

無常の風は時をきらわず
一朝《いっちょう》病《やまい》を得て床《とこ》に就くや
刀圭《とうけい》の術《すべ》全く功を奏せず
あたら少壮《しょうそう》有《う》為《い》の身を親族一同涙の中に
忽然《こつねん》としてこの世を去り、今や即《すなわ》ち無し
ああ呼べども帰らず、尋ぬれども見えず
転《うた》た愛惜《あいじゃく》の情にたえず

戒は明らかなる日月《じつげつ》の如く、また瓔珞珠《ようらくたま》の如し
無数の菩薩《ぼさつ》衆はこれに由《よ》りて、正覚《しょうがく》を成ず
ここに盧舎那誦し、我もまたかくの如く誦す
汝《なんじ》新学の菩薩戒を、頂戴し受持せよ

刀圭＝薬を調合する匙《さじ》。医術、また医者。

あたら＝惜しい。もったいない。せっかくの。

少壮有為＝若くて将来有望なこと。

転た＝ますますひどく。甚《はなは》だしく。

戒は明らかなる日月の如く
～：「梵網経」より抜粋

戒如明日月　亦如瓔珞珠
微塵菩薩衆　由是成正覚
是盧舎那誦　我亦如是誦
汝新學菩薩　頂戴受持戒
受持是戒已　轉授諸衆生

この戒を受持し已《おわ》らば、転た諸々《もろもろ》の衆生に授けよ
諦《あき》らかに聴け我が正誦《しょうしょう》する、仏法の中の戒蔵《かいぞう》を
波羅提木叉《はらだいもくしゃ》なり、大衆心して諦らかに信ぜよ
汝はこれ当《まさ》に成仏《じょうぶつ》すべし、我はこれ已《すで》に成仏せりと
常にかくの如き信を作《な》せ、戒品《かいぼん》すでに具足《ぐそく》せり
一切の心有る者、皆まさに仏戒を摂《と》るべし
衆生仏戒を受くれば、即ち諸々の仏位《ほとけくらい》に入る
位大覚《だいかく》に同じうし已《おわ》れば、真《まさ》にこれ諸々の仏子《ぶっし》なり
大衆皆恭敬《くぎょう》して、至心《ししん》にわが誦するを聴け

本日儚《はかな》き可憐《かれん》な君を送るに野衲《やのう》
衷心《ちゅうしん》一句を捧げて永く袂《たもと》を分かつに餞《はなむけ》とせん

諦聴我正誦　佛法中戒藏
波羅提木叉　大衆心諦信
汝是當成佛　我是已成佛
常作如是信　戒品已具足
一切有心者　皆應攝佛戒
衆生受佛戒　即入諸佛位
位同大覺已　真是諸佛子
大衆皆恭敬　至心聴我誦

瓔珞＝菩薩や密教の仏の装身具。または仏堂・仏壇の荘厳《しょうごん》具《ぐ》のひとつ。

波羅提木叉＝仏教の出家者である比丘《びく》・比丘尼《びくに》の集団である僧伽《そうぎゃ》における規則となる戒律条項を記した戒本のこと。

諸々の悪を作すことなかれ
諸々の善を進んで行《ぎょう》ぜよ
自ら其の意を浄《きよ》くす
これ諸仏の教えなり
令《りょう》声《しょう》不《ふ》絶《ぜつ》具《ぐ》足《そく》十《じゅう》念《ねん》称《しょう》
南《な》無《む》阿《あ》弥《み》陀《だ》仏《ぶつ》

引導下炬

平成十七年一月〇日寂
享年七十七歳

野衲＝田舎の僧。僧が自分をへりくだっていう語。拙僧。愚僧。

諸々の悪を作すことなかれ～：「七《しち》仏《ぶつ》通《つう》誡《かい》偈《げ》」より抜粋。
諸《しょ》悪《あく》莫《まく》作《さ》　衆《しゅう》善《ぜん》奉《ぶ》行《ぎょう》
自《じ》浄《じょう》其《ご》意《い》　是《ぜ》諸《しょ》仏《ぶっ》教《きょう》

〇〇〇〇〇〇〇　〇〇〇〇〇〇〇
〇〇〇〇〇〇〇　〇〇〇〇〇〇〇

それ以《おもん》れば《み》、今この国において災い多し
天より多くの雨が降り、川が溢れ、全てを水で覆う
又ある時は、大地を揺らし、家屋は倒れ
山々は姿を変える
又、南方の国においては、
穏やかな海が一変して街を襲い
街の全てを大海《たいかい》へと運び、多くの人々の命をも奪う
今、私たちは自然の力に驚くしかなく
何らできることは無し

然《しか》れども、この村においては穏やかな正月を迎え
その正月飾りを村の習わしに従いて燃《も》して送る
数少なき子供たちはその習わしを喜び
火の恵みを分かち合う

平穏無事な村と雖《いえど》も、この世を去る者あり
仮の世の名〇〇〇〇こと送る戒名《かいみょう》を
智念院迎誉美妙大姉《ちねんいんげいよびみょうだいし》と号す
諦聴《たいちょう》せよ　思念せよ

美妙大姉は昭和三年十二月十九日
父〇〇〇〇殿、母〇〇様より受け難き人身《じんしん》を受く

正月飾りを〜燃して送る＝正月十五日に（子供たちが神社の境内などで）書初めや門松・しめなわを焼く行事。どんど。どんど焼き。左義長《さぎちょう》。

長じて、昭和二十七年
同じ村の○○○○殿と二世《にせ》の契《ちぎ》りを結ぶ
一男一女の子宝に恵まれ
家事と田畑の仕事に励むかたわら子供らを養育する
昭和五十四年、夫と共に五重相伝《ごじゅうそうでん》の会座《えざ》に連なり
念仏の教えを修める
昭和五十六年、一人娘を嫁に送り出し
母としての責務を果たす
平穏な暮らしを得るも、束の間
同年十月に夫と早くに別れ、頼りの夫を浄土へ送る
永く親子二人の日々を暮らすも
平成三年に嫁を迎え、そして、よき孫を得て

膝元において、よくよく面倒をみる
然れども、一度《ひとたび》病を得るや、医薬も遂に功を奏せず
あたたかき家族の看護も遂に空《むな》しく、浄土へと歩む

無常の風は時をきらわず
荒れすさむ生滅《しょうめつ》の因縁《いんねん》に忽《たちま》ち一命を失う
かくの如きなりと雖も
仏性《ぶっしょう》は来るにあらず、又去るにあらず
仏心《ぶっしん》は常に十方《じっぽう》にあまねくして不変なり
黄泉《よみ》の国《くに》は遠きにあらず、来世は近きにあり
浄土は脚下《きゃっか》にあり
我ら心を空しくして、ただ感謝報恩の礼拝《らいはい》あるのみ

膝元＝浄土は脚下に＝孫の面倒をみていた幸せ。浄土に迎えられる幸せ。

仏性＝衆生が持つ仏としての本質。仏になるための原因のこと。

我ら身を空しくして、ただ仏法僧《ぶっぽうそう》の三宝《さんぼう》を敬うべし
往詣楽邦《おうげらくほう》の門出《かどいで》に今一句を以《もっ》て送行《そうあん》に餞《はなむけ》とせん
限りある身は滅《めっ》して
無窮無辺《むきゅうむへん》の仏性に還《かえ》り
不朽不滅《ふきゅうふめつ》の仏心に入《はい》る
今声不絶具足十念称
南無阿弥陀仏

三宝を敬う＝篤敬三宝（篤く三宝を敬う）

往詣楽邦
往詣＝神仏に参拝すること。
楽邦＝安楽な国、平和な国、浄土へ参らせてもらうこと。

無窮無辺＝際限が無いこと。限りなく広く大きいこと。

不朽不滅＝永久に朽ち滅びることがないこと。

引導下炬

○○○○○○○　○○○○○○○
○○○○○○○　○○○○○○○

《雪後　家兄・西樵《さいしょう》（きこり）を懐《おも》う　王士禎《してい》》
竹林《ちくりん》　斜照《しゃしょう》のぼり
陋巷《ろうこう》　車轍《しゃてつ》なし
千里《せんり》　暮《くれ》に相《あい》思い
独り空庭《くうてい》の雪に対す

平成二十三年一月○日寂
享年七十五歳

雪後　家兄・西樵（きこり）：
《雪後懐家兄西樵　王士禎》
竹林上斜照　陋巷無車轍
千里暮相思　獨對空庭雪
〈現代語訳〉
竹林に夕日の光線が差し込み、太陽が沈むにつれて下から上へと移りゆく。／路

今ここに浄土に旅立つ者あり
仮の世の名○○○○こと送る戒名《かいみょう》を
還相院歓誉楽法信道禅定門《げんそういんかんにょぎょうほうしんどうぜんじょうもん》と号す
諦聴《たいちょう》せよ　思念せよ

禅定門は昭和十一年九月十四日
父○○○○殿、母○○様より
六人兄弟の三男として受け難き人身《じんしん》を受く
多くの兄弟の中で育ち
昭和三十一年、○○○○に勤め
休日には先祖様からの田畑を守る
縁ありて○○様と二世《にせ》の契《ちぎ》りを結び、○○家を継ぐ

地裏のわび住まい、わざわざ訪れてくる人もない。／静かに暮れていくこの時に、／遠く離れている兄のことが懐かしく思い起こされ、／私はただ一人、人気《ひとけ》のない庭に積もった雪景色に向かい合う。

二女の子宝に恵まれ、よく養育する
昭和五十四年、若くして五重相伝《ごじゅうそうでん》の会座《えざ》に連なるは
信心深き父上○○殿による家徳なり
お念仏の奥義《おうぎ》を授かり、声高らかによく唱える
高岸寺《こうがんじ》総代はもとより
地域においては○○自治会長、○○区長
○○消防団分団長等を歴任し、全うする
これも「○○さん」と親しまれる人柄に因果《いんが》する
禅定門は心雪の如く清らかに
胸中春の如く暖かなり
更に又篤く三宝《さんぼう》を敬いて祖先を崇《あがま》ふ
その信漸《ようや》く深く、その徳愈々《いよいよ》深し

三宝を敬う→43ページ
崇ふ＝敬う
漸く＝少しずつ。次第に。

然《しか》れども何ぞ一朝《いっちょう》病魔に犯さるるや
医薬遂に功を奏せず
慈愛あふるるご家族の看護も遂に空《むな》しく
多年の気高き足跡《そくせき》を残して
痛ましくも突如として他界に入《い》る
ああ今や即《すなわ》ちなし
本日葬儀にあたり
多くの麗《うるわ》しき菊を仏前に手向《たむ》けられ
ご親族をはじめ友人知人袂《たもと》を連ねて
親しく仏前に合掌《がっしょう》礼拝《らいはい》せられ
鄭重《ていちょう》なる焼香をささげられる
宜《むべ》なり生前の徳の致すところ

宜なり＝もっともなことだ。
善因善果＝よい行いは必ずよい結果をもたらすという

将《まさ》に又先祖の余徳《よとく》の流れるところなり
ただ今、善因善果《ぜんいんぜんか》の白銀《はくぎん》の山に登りて
阿弥陀仏《あみだぶつ》の懐中《ふところ》に入る
然れば則《すなわ》ち弥陀は手を授けて迎接《こうじょう》し給《たま》い
菩薩《ぼさつ》は身を扶《たす》けて寳花《ほうか》の上に坐せしめ給う
仏菩薩に随《したが》いて須臾《しゅゆ》に無漏法性《むろほっしょう》の土に到る
豈《あ》に快事《かいじ》にあらずや

正に今一句を以《もっ》て還郷《げんきょう》の首途《かしまだち》に餞《はなむけ》とせん

貴方《あなた》の温顔温容今日何処《きょういずこ》にありや
仏こたえて曰《いわ》く

意味。果報はよい行いから生まれるという教え。

須臾＝短い時間。ほんの少しの間。

無漏＝煩悩《ぼんのう》のないこと。また、その境地。

法性＝すべての存在や現象の真の本性。

還郷＝故郷に帰ること。

首途＝旅に出ること。旅立ち。かどで。読み方は「しゅと」「かどで」「かどいで」もある。

餞とせん＝還相回向の思いを餞とした。

新亡《しんもう》浄土門前《もんぜん》から振り向き
眺むる我らに回向《えこう》する
令声不絶具足十念称
南無阿弥陀仏

二月　立春・雨水　【りっしゅん・うすい】

東風《はるかぜ》解《こおりを》凍《とく》（春の暖かな風が氷を解かす。）

黄鶯《うぐいす》睍睆《なく》（「睍睆《けんかん》」とは、姿や声が美しいこと。）

虚室生白《きょしつしょうはく》（がらんとした部屋には、日光が射し込んで、自然に明るくなる。人間も心をからにして何ものにもとらわれずにいれば、おのずと真理、真相がわかってくる。）

刻舟求剣《こくしゅうきゅうけん》（舟に刻みて剣を求む。）

楳含春意《ばいがんしゅんい》（梅が春を知らせてくれる。）

随処作主《ずいしょさしゅ》（随処に主となれば立処皆真なり。）

寒梅着花《かんばいちゃっか》（寒梅花をつく。）

心外無法《しんげむほう》　満目青山《まんもくせいざん》（心の外に法はない。目の前に鮮やかな山が見えるのは、あなたの心が澄み渡っているからです。）

獨《ひとり》釣寒江雪《つるかんこうのゆき》（雪の寒江で独り釣り糸をたれる。）

瑞色含春《ずいしょくがんしゅん》（めでたい兆しが春の気配を含んでいる。）
玉雪開花《ぎょくせつかいか》（雪が枝につくことで、枝が潤いを得、春に花を咲かせるという意味で、転じて、辛い時に努力していれば、いずれその努力以上に成果を出すことができる。）

引導下炬《いんどうあこ》

〇〇〇〇〇〇〇　〇〇〇〇〇〇〇
〇〇〇〇〇〇〇　〇〇〇〇〇〇〇

《紫禁城《しきんじょう》を訪ぬ》
黄甍朱柱《おうぼうしゅちゅう》皇京《こうきょう》に満ち

平成三十年二月〇日寂
享年八十八歳

訪紫禁を訪ぬ～：
《訪紫禁城》
黄甍朱柱満皇京
燦燦金光紫気呈
仰見明清遺産粋
豪華秀麗客魂驚

燦燦《さんさん》たる金光紫気《こんこうしき》を呈す
仰ぎ見る明《みん》・清《しん》遺産の粋《すい》
豪華秀麗客魂《きゃっこん》驚く
書の前に立っては威勢の強弱を感じ
陶磁器を眺めては手の温か味を覚え
彫刻を拝しては削り取られた空《くう》を偲《しの》び
墨絵《すみえ》を観《み》ては人の生涯の濃淡を知る

今ここに浄土に旅立つ者あり
仮の世の名○○○○こと送る戒名《かいみょう》を
香誉《こうよ》紫菫《しきん》妙《みょう》称《しょう》禅定尼《ぜんじょうに》と号す
諦聴《たいちょう》せよ　思念せよ

黄甍＝黄の瓦
朱柱＝赤い柱
皇京＝天子のおられる土地、故宮。
紫気＝気高い気。
客魂驚く＝旅人の心が驚く。
書の前に立っては～：故人の趣味でもあった書、陶磁器、彫刻、水墨画について故宮にちなみ、それぞれ仏教観、人生観のある説明を追加する。徐々に想いの深いもの、人生の終盤を感じさせる表現にする。

香誉禅定尼は昭和四年七月二十一日
父〇〇〇〇殿、母〇〇様の三女として
この世に生を享《う》く
長じて〇〇〇〇に勤めながら
一人息子をよく育《はぐく》み鞠育《きくいく》する
仕事と家庭に専《もっぱ》ら勤め上げた後
華甲《かこう》を迎えたと雖《いえど》も
好奇心旺盛な香誉禅定尼は
レイカディア大学にて学を修める
ことのほか幅広く、又、滅法《めっぽう》奥深く
陶芸、書道、写真、山登りといった趣味に向かい合い

鞠育＝養い育てること。養育。

華甲＝「華」の字を分解すると六つの「十」と一つの「一」となる。また「甲」は甲子《きのえね》で十二支の最初をさす。このことから、数え年六十一歳の称。還暦《かんれき》。華年《かねん》。

自らの人生観を顧みることしばしば
平成十七年、高岸寺《こうがんじ》にて五重相伝《ごじゅうそうでん》の会座《えざ》に連なり
浄土宗の奥義《おうぎ》を身の内に留め
阿弥陀仏《あみだぶつ》の懐《ふところ》中の温かさを改めて知る
若い頃から培《つちか》われた野菜作りにも励み
美味しくいただく家族孫たちの姿に目を細める
孫たちの節目節目の祝事《ほぎごと》慶《よろこ》び事《ごと》のある時は
ささやかとはいえ心よりお祝いすることを忘れず
慶びを家族で分かち合うことを
知らず識《し》らずのうちに家族に浸透させる
然《しか》れども八十歳を過ぎし頃から体調ままならなくなり
介護老人ホームにて余生を送る

而して＝然《しか》して。そうして。こうして。それから。
大利＝大きなご利益《りやく》。
法滅＝釈尊《しゃくそん》の教えである仏法が滅んでしまうこと。
得度＝仏教における僧侶となるための出家の儀式。
仏光＝仏が発する光

而《しこう》して平成三十年二月、一生の終焉《しゅうえん》を受ける時
温かき家族、信頼する家族、慈愛溢れる家族に
看取《みと》られつつ安らかに安らかに如来《にょらい》の懐中《ふところ》に眠る

専ら弥陀を念ずれば、一念微《び》なりと雖も普《あまね》く大利《だいり》を得《う》
法滅《ほうめつ》の霧晴れて得度《とくど》既に實《じつ》なり
仏光《ぶっこう》雲を巻きて照益《しょうやく》空《むな》しからず
三心《さんじん》既に備われば必ず往生《おうじょう》を得《う》
是《これ》に依《よ》りて、潮音《ちょうおん》偏《ひと》えに讃《さん》ずむ蹉跎《さだ》の暮《くれ》
華色《かしょく》特《と》りわけ秀《ほ》つ濃艶《のうえん》の時
行け某濟凡《ぼうさいぼん》の秘蹟を授けん

照益＝摂益文　光明偏照十方世界念仏衆生摂取不捨

三心＝阿弥陀仏の浄土に往生する者が持つべき三種の心で、至誠心・深心・回向発願心のこと。

潮音＝仏・菩薩の広大な慈悲を大海の波音にたとえていう語。

蹉跎＝つまずくこと

濃艶＝つやっぽく美しいこと

濟凡の秘蹟＝凡夫をすくい取るためのとっておきのもの。

君見ずや南楼《なんろう》の石砌《せきせい》に菫花《きんか》發《ひら》く
小菫《しょうきん》の気骨は大根に勝《まさ》らん
令声《りょうしょう》不絶《ふぜつ》具足《ぐそく》十念称《じゅうねんしょう》
南無阿弥陀仏《なむあみだぶつ》

引導下炬

○○○○○○○　○○○○○○○
○○○○○○○　○○○○○○○

君見ずや南楼の石砌に～：
漢詩「根性菫花（碇　豊長・作）」より抜粋。
君不見南楼石砌菫花發
小菫氣骨勝大根

平成十八年二月○日寂
享年六十二歳

人の命の儚《はかな》きこと山の水よりも過ぎたり
人の心の移り変わること空に浮かぶ雲よりも過ぎたり
老少は不定《ふてい》なり、歳月《さいげつ》は年齢《よわい》を待たず
出《い》ずる息は還《かえ》らず
落つる花、又再び木に上《のぼ》らず
水は流れてとどまることなく
盛んなる火は久しく燃えず
陽《ひ》出ずるもしばしにて没し
月も満つれば又欠くる
遭い難くして失い易きは人の身たり
失い易き命なるが故に之《これ》にとらわれず
我欲《がよく》を捨てて迷いを離れ、以《もっ》て仏道《ぶつどう》に入《はい》る

これ諸仏の教えなり

今ここに浄土に旅立つ者あり
仮の世の名○○○○こと送る戒 名《かいみょう》を
心誉誠光生《しんにょじょうこうしょう》 白禅定門《びゃくぜんじょうもん》と号す
諦聴《たいちょう》せよ　思念せよ

生白禅定門は昭和十九年九月十七日
父○○○○殿、母○○様より
信楽《しがらき》町杉山《すぎやま》にて受け難き人身《じんしん》を受く
当地において学を修め
自動車、建設機械の整備業務に従事する

心誉誠光生白禅定門‥俗《ぞく》名《みょう》の文字の音と同じになる「白」を選ぶ。「誠光生白」は「誠（仏）の光が差し込んで明るくなる」の意。

縁あって昭和五十一年、妻○○様と契《ちぎ》りを結ぶ
翌年会社を辞め、現在の○○○○を立ち上げる
又同年、長男、昭和六十三年に次男を授かる
世相の荒波を受けて日々困難に立ち向かうと雖《いえど》も
温かき家族の中にあって
その充実なる暮らしに誠《まこと》の光を感ずる
長きにわたり会社の業務、運営に専念し
多くのお客様から厚き信頼を得る
仕事を離れてはシニア野球に参加
また友人も多く、交情を深める
平成十七年、浄土宗の奥義《おうぎ》を伝える五重相伝《ごじゅうそうでん》の
会座《えざ》に連ならんと発起《ほっき》するも病に倒れ

誠の光：戒名の「誠光」を
引導文にあてはめる。

本尊を拝顔することなし
至極《しごく》残念、無常なるを知る
然《しか》れども病に伏しながらも体調を整え
愛《いと》しき妻を五重相伝の会座へと送る
そして、一人病床にて勧誡《かんかい》を聞く

この世の誠を信じ、白《しろ》の明らかなるを覚えたとはいえ
一夜過ぎれば命もまた従って滅《めっ》す
汝《なんじ》独り其の分《ぶ》にあらざらんや
帰去来《かえりなんいざ》、他郷《たきょう》には停《とど》まるべからず
仏の帰家《きか》せしむるに従いて本国に還れ
彼土《かのど》は不退の楽土《らくど》

一人病床にて勧誡を聞く：こう想像して引導文に入れる。「勧誡」とは、五重相伝会・授戒会の受者に、分かりやすくその精神を解説する法話。

帰去来：陶淵明の「帰去来《ききょらい》の辞」に、「帰りなんいざ、田園将《まさ》に蕪《く》れなんとす、胡《なん》ぞ帰らざる」とある。意味は、「うかうかと面白おかしく歳月を送るのは止めにして、人間本分の事に帰ろう。」

八功徳池《はっくどくち》の波は実相の音《おと》を揚げ
自然悟道《じねんごどう》の密意を伝え
華《はな》は稀有《けう》の色を出して、即悟無生《そくごむしょう》の快楽《けらく》を増す
今応《まさ》に往生浄土の本懐を遂ぐべきの時なり
往《ゆ》け、往詣楽邦《おうげらくほう》の首途《かどいで》に一句を餞《はなむけ》とせん
誠 光生 白《じょうこうしょうびゃく》
誠の光は白即《すなわ》ち明らかなるを生む
令声不絶具足十念称
南無阿弥陀仏

八功徳池＝極楽浄土にあるという池。八功徳水をたたえているところからいう。

自然悟道＝師や他の教えに頼らないで、自らの修行によって本覚が開け、自然に道を悟ること。

本懐＝もとから抱いている願い。本意。本望。

往詣楽邦→43ページ

首途→48ページ

誠光生白：戒名にした「誠光生白」を餞別の句にも使用する。

引導下炬

〇〇〇〇〇〇〇　〇〇〇〇〇〇〇

〇〇〇〇〇〇〇　〇〇〇〇〇〇〇

暖かい冬とはいえ朝夕の冷《れい》は厳しく
陽《ひ》が昇るは日に日に早くなりとはいえ
早朝は辺り一面白く薄く覆われる
寒さゆえ体はこわばり心は凜《りん》となる
夕べには風を触りて冷えを知り
人は陽の光を求めて西方《さいほう》を見るも

平成十九年二月〇日寂
享年九十歳

暖かい冬とはいえ～‥故人の家はお寺の下方に在り、同時に日没も見える。信楽《しがらき》の寒さ（寂しさ、侘しさ）と日想観を表現した。

陽は姿を隠し始める
陽を仏と思い求めたくても今は得られず
仏の慈悲は時に従い、所に応じて万物《ばんぶつ》に光を与える
仏心《ぶっしん》はいたるところにあり
水流れ月浮かぶ大千世界《だいせんせかい》、仏は十方《じっぽう》にあまねく
我らの住むこの世界は仏のまします仏土《ぶつど》たり

今ここに浄土に旅立つ者あり
仮の世の名○○○○こと送る戒名《かいみょう》を
大樹院賢誉明秀心開禅定門《たいじゅいんけんにょみょうしゅうしんかいぜんじょうもん》と号す
諦聴《たいちょう》せよ　思念せよ

大樹院：後漢《ごかん》の馮異《ひょうい》という将軍は「大樹将軍」とも称され、諸将が功績を誇るときも一人大樹の下に引っ込んで功を誇らなかった、という故事による。

大樹院は大正七年十二月十六日
この地において父〇〇〇〇殿、母〇〇様より
受け難き人身《じんしん》を受く
昭和十六年、国家のため家族のために
大東亜戦争に赴《おもむ》く
大樹院は左足を負傷し
傷痍《しょうい》軍人として杉山《すぎやま》の地へ戻る
日本国を恨まず敵国を憎まず
他人《ひと》には不自由な体とは思わさぬよう
明るく穏やかに暮らす
良縁ありて昭和十九年、〇〇様と二世《にせ》の契《ちぎ》りを結ぶ
三人の子宝に恵まれ良き妻の支えがあり

傷痍軍人：故人は傷痍軍人であったが、仏の光は十分感じられた。この世で戦地に赴いたが、この世は全て仏の国でもある。

痛む足、無くした足の痛みを忘れて自転車にも乗り
人のために熱心に出来る仕事をこなす
ゆえに世間の人々からもよくよく慕われる
世相においては
その情は春風《はるかぜ》の如くおだやかに
その行いは蓮華《れんげ》の如く麗《うるわ》しく
その心は月の光の如く清らかなり
昭和三十三年、若くして五重相伝《ごじゅうそうでん》の会座《えざ》に連なり
お念仏の教えを体得する
然《しか》れども、時には家の中で
自分の苦しみを抑えることが出来ず
嘆き、言《こと》の葉《は》、振る舞いを荒らげることもあり

振る舞いを荒らげる…親族に聞いて初めて分かったこと。人には言えないが、仏さまに聞いてもらう。

ああ　悲しきかな
しかしながらそれを家族は世間にもらさず
温かく大樹院を見守り長く長く世話をつづける
而《しこう》して大樹院は晩年
よく看病よく世話をしてきた娘に心を開く
しかし昨年二月より一度《ひとたび》病魔を得るや
医療も遂に功を奏せず
近親の心からの看護もまた遂に及ばず
無常の風の荒れすさむままに
忽然《こつねん》として八十有余年にてこの世を去る

仏の花はいたる所に香りを放つ

而して↓54ページ
心を開く：戒名の「心開」を事実とリンクさせて引用する。

仏は世にある全てのものの親にして
一切万物《いっさいばんぶつ》を育てはぐくみ
大慈大悲《だいじだいひ》の恵みをたれたもう
仏は一切の迷いを離れて不思議なる力を与え
天地の母となり万物の父となる
我ら一切衆 生《いっさいしゅじょう》は皆仏の子たり仏の分身たり
世の人々は皆兄弟姉妹四海同胞《しかいどうほう》にして
全ては仏よりの分かれたり
げに我が身ながら貴《とうと》からずや
かくの如くして仏心鬼心《ぶっしんきしん》を論ぜず
人の人を看《み》る信念は鉄の如く強く
それを与えられる者の心は、ただただ開くを待つのみ

大慈大悲＝一切衆生の苦を取り除き、楽を与える広大無辺な慈悲。

四海同胞＝人と接する時にまごころと礼儀を持てば、人は兄弟のように親しくなれる、または親しくするべきだ、ということ。「四海」は四つの方向の海を指すことから、「全世界」という意味。

今や別れに臨《のぞ》み一句を以《もっ》て餞《はなむけ》とせん
鐵心《てっしん》あればこそ必ずや心開く
これみな阿弥陀仏《あみだぶつ》の計らいなり

令声不絶具足十念称
南無阿弥陀仏

引導下炬

鐵心・心開く：介護・看護から「心」「開」という言葉を連想し、人の強さを「鉄の如く」としている。

平成十八年二月二十八日寂
享年九十歳

○○○○○○○　○○○○○○○
○○○○○○○　○○○○○○○

時は三月と雖《いえど》も人の体に伝わる寒さは厳しく
まだ冬の気を感ずる
一度《ひとたび》、重い雲に覆われ雪にならずとも
その雨は人の肌に冷たく
大地には時をかけて浸透する
然《しか》れども、暫《しばら》くして人は
寒さ冷たさから逃れて事をはじめ
大地は春を迎えて一斉に芽吹き始める
冷《れい》がありて、恵みの暖《だん》を迎え

時は三月と雖も～：冬から春に向かう情景と雨、春の暖かさと人のぬくもりを表現する。

天より水を得て、大地は育《はぐく》まれ
人の優しさありて、人は安らぎを得る

今ここに浄土に旅立つ者あり
仮の世の名〇〇〇〇こと送る戒名《かいみょう》を
明純軒《みょうじゅんけん》知《ち》敬雰虹禅定《きょうふんこうぜんじょう》尼《に》と号す
諦聴《たいちょう》せよ　思念せよ

明純軒は大正五年五月二十五日
三重県津市にて〇〇〇〇殿、〇〇様より
受け難き人身《じんしん》を受く
長じて昭和二十年、この地の〇〇家に嫁《とつ》ぐ

明純軒知敬雰虹禅定尼：
「敬」はご主人の戒名と名前から拝借した。「雰虹」は、たまたま虹が出現したことと俗名《ぞくみょう》の音に似せて用いた。「雰《ふん》」は、霧、靄、大気、空気などの意。誉号は抜いておいて贈五重《おくりごじゅう》をしてから授与した。

一男一女の子宝に恵まれ、よく養育する
家族円満と雖も
昭和五十四年、夫〇〇殿を浄土へ送り
それ故、当山の五重相伝《ごじゅうそうでん》の会座《えざ》につく機会を逸す
その清浄《しょうじょう》なる一生涯は人道よく至れり尽くせり
信心深きその一代は仏道よく極まれり
生前に残せしその陰徳《いんとく》は滅後に陽報《ようほう》としてあらわれ
その行いの花はいよいよ美しく
その徳の香りはますます清らかに
あたかも梅花《ばいか》の寒苦を経て
一段と麗《うるわ》しく気高《けだか》き芳香を発するに相《あい》似たり
明純軒は世にあること九十年

梅花の寒苦：冬から春にかけての花として、梅の花を引用する。寒さに負けない梅花は、小さくとも香りが良い。

その間よく世相に従い、よく世人《せじん》に接し
その行住坐臥《ぎょうじゅうざが》平常の足跡《そくせき》たるや
実意実直にして心は玉の如く光り輝き
温厚質実にして身は雪の如く清らかに
貞寂《ていじゃく》慈愛にして情けは春の如く暖かなり

謂《い》う所の婦道の典型として
人の道、天の徳をくらまさず
更に又日々祖先を尊び、家系を重んじ
篤《あつ》く神仏を信じて合掌《がっしょう》の生活に親しむ
三宝帰依《さんぼうきえ》の善女人《ぜんにょにん》たり
これはこれ、いわゆる在家《ざいけ》の女菩薩《にょぼさつ》にして

行住坐臥＝歩き、止まり、座り、臥す。つまり日常の振る舞い。日常。

塵芥《ちりあくた》の世界を離れた一輪の明月にもさも相《あい》似たり
今や別れに臨《のぞ》み一句を以《もっ》て餞《はなむけ》とせん
これより天に雰虹《ふんこう》かかりて
極楽浄土の門とならん
令声不絶具足十念称
南無阿弥陀仏

極楽浄土の門‥たまたま現れた虹が、極楽浄土の大きな門に思えた。

引導下炬

人身《じんしん》受け難し今すでに受く
仏法《ぶっぽう》聴き難し今すでに聴く
この身今生《こんじょう》において度《ど》せずんば
更にいずれの生《しょう》においてかこの身を度せん
大衆もろともに
至心《ししん》に三宝《さんぼう》に帰依《きえ》し奉《たてまつ》るべし

夫《そ》れ以《おもんみ》れば
信楽《しんぎょう》を獲得するは如来選択《にょらいせんちゃく》の願心より発起《ほっき》す

令和三年二月〇日寂
享年七十一歳

人身受け難し〜：人間として生まれることは難しいのに、今、人間として生を受けています。仏法に出遭うことは難しいのに、今、仏法を聴く機会を得ています。今、この機会に救われないで、いつ救われることができましょうか。さあ、皆さん、心から三宝に帰依しましょう。

信楽＝信仰上の境地。

如来選択の願心＝万人を平

真心《まごころ》を開闡《かいせん》するは釈尊矜哀《しゃくそんこうあい》の善巧《ぜんぎょう》より顕彰せり
然《しか》るに末代の道俗、近世の宗師《しゅうし》
自性唯心《じしょうゆいしん》に沈みて浄土の真証《しんしょう》を貶《けな》す
定散《じょうさん》の自心に迷ひて金剛の真信《しんしん》に昏《くら》し
もしわれ仏を得たらんに
十方《じっぽう》の衆生《しゅじょう》、至心に信楽《しんぎょう》して
我が国に生《しょう》ぜんと欲して乃至十念《ないしじゅうねん》せんに
もし生《しょう》ぜずんば正覚《しょうがく》をとらじ

今ここに浄土に旅立つ者あり
仮の世の名○○○○こと送る戒名《かいみょう》を
大道三界信士《だいどうさんがいしんじ》と号す

等に救おうと誓願された大慈大悲心のこと。

開闡＝開き明かすこと。

矜哀の善巧＝深い哀れみの心による善巧方便。

自性唯心＝万有の本性は自己の心以外に何ものもないとする考え。

自心＝自らが往生する思い。

金剛の真信＝如来回向《えこう》の信心。

乃至十念＝念仏を称《とな》えて往生を願う上で、その数を限定しないことを示す語。

諦聴《たいちょう》せよ　思念せよ

霊位《れいい》は昭和二十四年八月二日
父〇〇〇〇殿、母〇〇様より七人兄弟の三男として
種子島《たねがしま》にてこの世に生を享《う》く
南国の大自然に育《はぐく》まれ
大家族に見守られて大らかに育つ
長じて、建築業の仕事に就くため
遠く離れたインドネシアでも研修に励む
縁《えにし》整いて昭和六十年十一月
〇〇様と二世《にせ》の契《ちぎ》りを結ぶ
二男一女にも恵まれ

大道三界：大道無門と三界唯心、三界一心（いずれも仏教用語）を組み合わせて戒名とした。故人の大らかな性格を「大道」、故人の起伏が激しかった人生を「三界」にたとえた。

大道無門＝仏道、真理の世界、悟りの世界に到るに決まった入り方はない。転じて、何でも受け入れる度量の大きいことの喩え。

三界唯心＝三界のすべては心から変現したものであって、心を離れては存在しないということ。

三界＝欲界・色界・無色界という、輪廻《りんね》する者が生死

時には幼少期に過ごした種子島の家庭を
思い出しながら家族を養う
仕事の縁ありてこの地信楽《しがらき》へと移る
その後平成十五年に〇〇〇〇を設立
なお一層仕事に精を出し
責任を持って誠心誠意、精励恪勤《せいれいかっきん》する
順風満帆と思えしも束の間
平成二十年に人優しきご子息〇〇さんを
突如として浄土へ送る
悲しみに暮れながらも再び仕事に精を出し
持ち前の人付き合いの良さを活かして
会社の内外の人々とよく接する

を繰り返す三つの世界のこと。

恪勤＝「恪」はつつしむ意で、「恪勤」はまじめに一生懸命に勤めること。

念願でもあったマイホームを新築
これ時平成二十一年
平成二十八年には愛娘《まなむすめ》○○さんをめでたく嫁《とつ》がせ
更に会社を充実させ自ら後進に道を譲るかの如く
令和二年、会長職に就任
この時既に病魔に侵され、翌令和三年二月に鬼籍《きせき》に入《い》る

然《しか》るに常没《じょうもつ》の凡愚《ぼんぐ》、流転《るてん》の群生《ぐんじょう》
無上妙果《むじょうみょうか》の成《じょう》じ難きにあらず
真実の信楽《しんぎょう》まことに獲《と》ること難し
いまし如来《にょらい》の加威力《かいりき》によるが故なり
博《ひろ》く大悲広慧《だいひこうえ》の力によるが故なり

常没の凡愚＝常に迷いの世界に沈んでいる凡夫。
流転＝仏教で、生死・因果が輪廻して、きわまりがないこと。
群生＝すべての生き物。多

たまたま浄信を獲《え》れば
この心顛倒《てんとう》せず、この心虚偽《きょぎ》ならず
ここを以《もっ》て衆生、大慶喜心《だいけいきしん》を得
釈迦《しゃか》の愛重《あいちょう》を獲《え》るなり
行《ゆ》け弥陀《みだ》に不取正覚《ふしゅしょうがく》の誓あり
必ず迎えて給《たま》わん、末期《まつご》の一句作麼生《そもさん》
設我得仏《せつがとくぶつ》　至心信楽《ししんしんぎょう》　欲生我国《よくしょうがこく》
乃至十念《ないしじゅうねん》　若不生者《にゃくふしょうじゃ》　不取正覚《ふしゅしょうがく》
令声不絶具足十念称

くの衆生。

無上妙果＝この上なくすぐれた証果。

加威力＝仏が衆生を救済するために加えられる不可思議な救済力。

大悲広慧の力＝広大ですぐれた阿弥陀仏の慈悲と智慧の力。

南無阿弥陀仏

引導下炬

○○○○○○○　○○○○○○○
○○○○○○○　○○○○○○○

平成二十年二月○日寂
享年六十九歳

暦の上では雨水《うすい》を聞き
土の脉《しょう》 潤《うるお》い起こるというなれど
本年、この地では未だ大寒《だいかん》の装い
まさに水沢《さわみず》 腹堅《こおりつめる》

水沢腹堅＝七十二候の七十

浅く水がたまる沢に氷が厚く厚くはりつめる
一面に氷が堅く堅くつめられ
楔《くさび》を打ち込み堅く閉ざされた様相
氷の面《おもて》には氷紋《ひょうもん》の模様がかたどられ
人はそれを花にたとえて「氷の花」と呼ぶ
またあたり一面の風景が氷に映し出され
人はまたそれを「氷面鏡《ひもかがみ》」と称す

今ここに浄土に旅立つ者あり
仮の世の名○○○○こと送る戒名《かいみょう》を
仏香院穏誉陽光頤和禅定門《ぶっこういんおんにょようこういわぜんじょうもん》と号す
諦聴《たいちょう》せよ　思念せよ

一番目で、一月二十五日ごろ。沢に氷が厚く張りつめるという意味で、沢を流れている水も凍ってしまうほどの寒い時期。

氷面鏡＝池などが凍って鏡の面のようになったものをたとえていう。歌や句に使われることが多く、「解く」を導く序詞としても用いられる。

頤和禅定門は昭和十五年一月三日
父〇〇〇殿、母〇〇様の九人兄弟の四男として
この地で受け難き人身《じんしん》を受く
長じて、昭和三十六年に〇〇〇に就職
昭和四十年に〇〇〇に入社して
平成十二年の定年まで勤める
その後〇〇〇を開業し再び仕事に励む
家においては昭和四十四年
妻〇〇様と二世《にせ》の契《ちぎ》りを結ぶ
そして翌年に長女を授かり、続いて次女を賜り
妻とともに優しく薫陶《くんとう》する

薫陶＝すぐれた人格で感化

地域においては消防団の役目を果たし
現在は杉山区《すぎやま》のために副区長として尽力す
高岸寺《こうがんじ》においては総代として住職を支え
また檀信徒との調整を図る
平成十七年に五重相伝《ごじゅうそうでん》を開筵《かいえん》するため
積極的にその準備を進めるとともに
浄土宗の奥義《おうぎ》を修め、念仏精進する
いかなる時も、頤和禅定門は絶えず
穏やかに穏やかに人に接し和をとりながら事にあたる
然《しか》れども本年二月〇日、突然この世を去る
ああ一代の盛衰《せいすい》今いずこ

し、立派な人間をつくること。香を焚いて薫りを染み込ませ、土を捏ねて形を整えながら陶器を作成する意を原義とする。

開筵＝法座の開かれる場所、つまり、仏様の教えが新たに説かれる場所。

ああ一代の輝き今いずれ
世にある一切の事々物々《じじぶつぶつ》にとらわれて執着する時
生《しょう》あり滅《めつ》あり迷いあり
「氷面鏡」には如何《いか》に如何ほどに映るのか
世間の存《ぞん》する全ての万物に
我を離れてとらわれず執着なき時は
「氷面鏡」に何が映り我らに何を示すのか
生《しょう》は一時《いっとき》の光、死もまた一時の氷
生も滅も生きるも死ぬも共に仏を離れず
生と死ともに如来《にょらい》の光明の中にあり
仏の慈悲心中《しんちゅう》にあり
煩悩《ぼんのう》も菩提《ぼだい》も共に大慈大悲《だいじだいひ》の仏の懐《ふところ》中にあり

事々物々＝あらゆる物事。いろいろの物事のそれぞれ。

菩提＝煩悩を断って悟りえた、無上の境地。死後の冥福。

大慈大悲→67ページ

我らの目には映らず
今や別れに臨《のぞ》み一句を以《もっ》て餞《はなむけ》とせん
春たてば　消ゆる氷の　残りなく
君が心は　仏にとけなむ
今声不絶具足十念称
南無阿弥陀仏

我らの目には映らず＝故人の気持ちは解りづらい、の意。

消ゆる氷の〜：氷が解ける様子を、遺族が慰められるように「解く」「とく」を用いて、「仏にとけなむ」と表現した。

引導下炬

受け難き人身《じんしん》を受け
あい難き仏法《ぶっぽう》にあえり
無常念々に至り
老少きわめて不定《ふじょう》なり

今年の冬は例年になく雪の日を数える
この地の寒さは厳しく
水は冷たく人々の手はこわばり
体を縮めて北風を避けて過ごす

平成十八年二月〇日寂
享年七十五歳

受け難き人身を～…ようやく受けがたい人としての生を受け、また、遇いがたい仏教に巡り遇うことができました。この世の無常は刻々と迫り、死の訪れは老若を問うことがありません。

然《しか》れども二月に入り陽《ひ》は長くなり
春遠からじことを思う
二月のことを、自然に恵みを与える風、恵風《けいふう》と呼ぶ
釈迦牟尼仏《しゃかむにぶつ》のお迎えもこの恵風ではなかろうか

今ここに浄土に旅立つ者あり
仮の世の名◯◯◯◯こと送る戒名《かいみょう》を
如雲幸道信士《にょうんこうどうしんじ》と号す
諦聴《たいちょう》せよ　思念せよ

幸道信士は昭和六年七月二十日
東京にてご両親より受け難き人身を受く

まだ幼さの残る十代の時節
戦争が始まり、大空襲の戦火に遭い
東の都を離れて西の都へと移る
いつの日か両親と別れ、兄弟もなく
天涯孤独の中、織物産地の宮津《みやづ》に留まる
染物《そめもの》の職に就き、一心にその道を極める
昭和三十五年、○○様と二世《にせ》の契《ちぎ》りを結び一家を構える
一女の子宝にも恵まれ
家族を養うため専《もっぱ》ら仕事に邁進する
様々な縁あり、この地信楽《しがらき》へと一家の拠点を移す
当時その頃、愛くるしい二人の孫を得て
祖父として、ある時は父として常に優しく接し、

ある時は厳しく薫育《くんいく》する
年を重ねていたと雖《いえど》も
その二人の孫をバイクに乗せて
信楽の自然に包まれながら
孫らと同じ恵みの風を肌に感ず
今、古希《こき》を過ぎ
人生の道を静かに静かにゆっくりと歩む心づもり
予期せぬ事故に遭い
痛ましくも忽然《こつねん》として他界に入《はい》る
突如のことあわれたり
我ら今まさに命の儚《はかな》きことを知る

薫育＝徳をもって人をみちびき育てること。

天は一《いっ》を得て以《もっ》て高く
地は一を得て以て厚く
日は一を得て以て明らかに
月は一を得て以て清らかなり
人は一仏《いちぶつ》を得て以て正しき信《まこと》を発す
釈迦牟尼仏のただ一仏を信じ、その本質を極め
本体を体得する処《ところ》に覚《さと》りの妙味をあらわす
仏は一切万物《いっさいばんぶつ》に融合して内にあり
すなわち万物を離れて仏なし
世にある一切の有様《ありさま》は全て仏の現れたり
故に仏と世の有様と本質とは畢竟《ひっきょう》
ただ一つにして二つなし

畢竟＝究極。絶対。さまざまな経過を経ても、最終的には一つの結果に落ち着くさま。

往詣楽邦↓43ページ

往詣楽邦《おうげらくほう》の門出《かどいで》に一句を以て餞別《せんべつ》とせん

踏み進む道はただ一筋に
踏み行う道はただ一心に

令声不絶具足十念称
南無阿弥陀仏

三月　啓蟄・春分　【けいちつ・しゅんぶん】

草木萌動《そうもくめばえいずる》（だんだんと春めき、草木が萌え出す。）

蟄虫啓戸《すごもりのむしとをひらく》（地中で冬ごもりをしていた生きものが姿を見せる。）

愚者一得《ぐしゃいっとく》（愚者の考えにも中には取るべきものがある。）

白駒過隙《はっくかげき》（白馬が隙間を駆け抜けるほどの短い時間。人生もあっという間に過ぎてゆく。）

瑞気集門《ずいきしゅうもん》（めでたい気が門に集まる。）

恵風和暢《けいふうわちょう》（心地よい風が吹いて、穏やかで和《なご》やかにすること。）

光風春動《こうふうどうしゅん》（明るく輝く光と心地よい風が、春を引き入れてくる。）

春風駘蕩《しゅんぷうたいとう》（春の風は悠々として穏やかである。）

引導下炬《いんどうあこ》

○○○○○○○　○○○○○○○
○○○○○○○　○○○○○○○

梅の花の咲くのも仏のあらわれたり
桜の花の散るのも仏のあらわれたり
風の吹くのも仏法《ぶっぽう》の面目《ありさま》
雨の落つるも仏法の面目
かくして行《ゆ》くも還《かえ》るも御仏《みほとけ》の恵みの中にあり
生きるも死ぬも大慈大悲《だいじだいひ》の仏祖《ぶっそ》の御心《みこころ》の中にあり

平成三十一年三月○日寂
享年九十歳

大慈大悲→67ページ
仏祖＝仏教を開いた者。すなわち開祖釈尊《しゃくそん》を指す。

今ここに浄土に旅立つ者あり
仮の世の名〇〇〇〇こと送る戒名《かいみょう》を
明誉善信《みょうよぜんしん》保《ほ》祐禅定門《ゆうぜんじょうもん》と号す
諦聴《たいちょう》せよ　思念せよ

保祐禅定門は昭和四年三月二十三日
〇〇家の次男としてこの世に生《せい》を享《う》く
長じて、有縁の〇〇家の養子に迎えられ
新たな家を祐《たす》ける
昭和三十三年、〇〇様と二世《にせ》の契《ちぎ》りを結ぶ
而《しこう》して長女を授かり、続いて次女を賜る
〇〇様とともに明るく、正しく、仲よく薫陶《くんとう》する

而して↓54ページ
明るく、正しく〜：戒名の

昭和五十六年、当山《とうざん》の五重相伝《ごじゅうそうでん》の会座《えざ》に連なり
念仏の奥義《おうぎ》を白骨《びゃっこつ》に留め善《よ》く信心する
会社勤めを全うしながら農業にも励む
畑の畝《うね》は正しくまっすぐに
畑の支柱は正確に均等に
畑の道具は美しく手入れされ
整然と整理整頓行き届く
まさに保祐禅定門の本領なり
仏法僧《ぶっぽうそう》に帰依《きえ》すること
すなわち、明るく、正しく、仲良くを
○○家の家族の中に染《し》み入れ行き渡らせる
然《しか》れども平成三十一年三月、枯葉の落つるが如く

文字を引導文に用いる。ここでは「明誉」から、「明るく」「正しく」「仲よく」仏法僧三宝によく帰依する内容にする。

薫陶↓82ページ

畑の畝は正しく〜：故人の几帳面さを表現する。そのため、「正しく」「まっすぐに」「正確に」「均等に」「美しく」「整然と」など、よく似た意味の言葉をリズムよく組み合わせる。

温かき家族に看取《みと》られつつ静かにこの世を去る
臨終《りんじゅう》の覚悟と申すも平常に変わらず
ただ何の心もなく息の止まるを良き往生《おうじょう》と申すなり

この娑婆《しゃば》世界は穢《けが》れなき清浄《しょうじょう》なる仏の国土
この人間世界はいつわりなき安楽なる仏の世界たり
生老病死の人間一生はありがたき如来《にょらい》の胸中にあり
かるが故《ゆえ》に如何なる臨終にも恐れず驚かず狼狽《うろた》えず
疑いなく邪《よこしま》なる心なく
坦々として水の流れのそれの如く
洒々《しゃしゃ》として仏法の大海《たいかい》に入《い》り
大慈悲《だいじひ》の仏の懐《ふところ》に包まるる

坦々＝何事もなく時の過ぎるさま。
洒々＝執着がなく、あっさりした気質や態度。

これ即《すなわ》ち仏法を信ずる者の往生たり
仏法僧に帰依する者の臨終たり
故に言う
人生は寸時《すんじ》も同一状態に留まることなく
人の身は片時も定まれる不変の姿なし
日常の心は直ちに御仏の心に通じ
世間のありさまは直ちに御仏の道に通じ
人の道は直ちに仏法僧に通ず
明誉善信保祐禅定門霊位《れいい》をして
如何にして相《あい》通ぜしめ
如何にして認めしめん

今や別れに臨《のぞ》み一句を以て餞《はなむけ》とせん

明るく、正しく、仲よく
我人の行住坐臥《ぎょうじゅうざが》
悉《ことごと》く仏法僧にならざるはなし
令声不絶具足十念称《りょうしょうふぜつぐそくじゅうねんしょう》
南無阿弥陀仏《なむあみだぶつ》

引導下炬

行住坐臥↓72ページ

平成二十三年三月〇日寂
享年三十歳

人身《じんしん》受け難し今すでに受く
仏法《ぶっぽう》聴き難し今すでに聴く
この身今生《こんじょう》において度《ど》せずんば
更《さら》にいずれの生《しょう》においてかこの身を度せん
大衆もろともに
至心《ししん》に三宝《さんぼう》に帰依《きえ》し奉《たてまつ》るべし

夫《そ》れ以《おもんみ》れば
一念成就《いちねんじょうじゅ》の春の風は、四重煩悩《しじゅうぼんのう》の雲を払い
三尊来迎《さんぞんらいごう》の秋の月は、五趣輪廻《ごしゅりんね》の闇を照らす
五蘊《ごうん》は幻の像《すがた》、何ぞ萬春《ばんしゅん》の壽《よろこび》を保たん
桜梅桃李《おうばいとうり》の春の花は、黄昏《たそがれ》の嵐に散り

人身受け難し～↓74ページ

四重＝殺生・偸盗《ちゅうとう》・邪淫・妄語のこと。

五趣＝五悪趣の略。すなわち地獄・餓鬼・畜生・人・天の五道。

五蘊＝人間を成り立たせている五つの要素。色（＝肉体）・受（＝感覚）・想（＝想像）・行（＝心の作用）・識（＝意識）

秋露梧桐《しゅうろごどう》の秋の葉は、朝の霧に落つ
皆是無為《みなこれむい》自然の理《ことわ》り、随縁無作《ずいえんむさ》の法なり

爰《ここ》に早世《そうせい》

俗名○○○○こと戒名《かいみょう》を
雲門相見信士《うんもんそうけんしんじ》と号す
諦聴《たいちょう》せよ　思念せよ

霊位《れいい》は昭和五十六年十二月二十七日
母○○○○様より受け難き人身を受く
然《しか》れども家族の要件に恵まれず
幼くから己《おのれ》一人で世間に相《あい》対し

何ぞ萬春の壽を〜：壽萬春歡無歇＝萬春を寿《ことほ》ぎ歓歇《や》むこと無し。永遠の春を祝い、よろこびは尽きない。春の風に桃李花開く日、秋の露に梧桐葉落つる時。

随縁＝縁に従うこと。

無作＝人為的な働きのないこと。自然のまま。

雲門相見信士：雲門三句と師資相承《ししそうじょう》に俗名《ぞくみょう》の「ケン」という音から「見」に変更して戒名とした。

雲門三句

一、「函蓋乾坤《かんがいけんこん》」＝箱と蓋がぴったり合うように、弟

さまざまな答えを求めるため独りで思い巡らし育つ
友に交わりては時に頑固一徹
また時には不屈な精神より友を牽引する
縁ありて信楽《しがらき》の陶芸家◯◯◯◯師の元にて
よく学び、よく励み、よく尽くす
師匠に認められ、育てられ
遅ればせながら家族の愛情を学ぶ
それにより人によく親しみ
付け加えて愛情こまやかに
人に接しては常に和顔《わげん》微笑《みしょう》
友に交わりてはよく信実《しんじつ》
事を成すに専《もっぱ》ら誠心誠意

子の機根にぴたりあった接化を行う。
二、「截断衆流《せつだんしゅる》」＝有無を言わさず修行者の煩悩を絶ち切らせる。
三、「随波逐浪《ずいはちくろう》」＝修行者の個性に随って闊達無礙《かったつむげ》な指導をすること。
師資相承＝師匠が弟子に法門や教義を相次いで伝えること。

その清らかなる気風は篤《あつ》く将来を嘱望されしに……
偶々《たまたま》人界に生を受けしと雖《いえど》も
宿福薄少《しゅくふくはくしょう》なるが故に三十歳を一期として世滅《よめつ》す
惜しむべし

槿花一朝《きんかいっちょう》の夢、蜉蝣《かげろう》一瞬の生《しょう》
往《ゆ》きて還《かえ》らず、去って躅《あと》なし
嗚呼《ああ》悲しい哉、然るに何の幸せぞ
今遇《あ》い難き仏法に逢う
汝《なんじ》知らずや阿弥陀仏《あみだぶつ》は實《まこと》に是《こ》れ慈悲の父母なり
種々方便して我らが無上の信心を発起《ほっき》せしめ給《たま》う
極楽は正しく汝の故郷《ふるさと》なり

宿福＝前世になされた善行によって得られる福徳。

槿花一朝の夢＝人の栄華は儚《はかな》いということのたとえ。「槿花」は植物のむくげの花のこと。むくげの花は朝に咲いて夕方には散ってしまう、ということから。「槿花一朝の夢」という形で使うことが多い。

蜉蝣＝飛ぶ姿が陽炎《かげろう》の立ちのぼるさまに似ているとこ

行け仏は来て迎え給い
諸菩薩は友となりて遊び給う
今まさに一句を垂示《すいし》せん

無心にして来たり、無心にして去る
生くるも死ぬも浄土を離れず
今や霊位は彼岸《ひがん》の仏の膝下《しっか》にあり
されど貴方《あなた》の情は永く此岸《しがん》に残る

令声不絶具足十念称

南無阿弥陀仏

ろから、名づけられた。
方便＝仏教で、人を真の教えに導くための仮の手段。
垂示＝教え示すこと。禅宗の師家が大衆に教えを説くこと。垂語《すいご》。

引導下炬

○○○○○○　○○○○○○○
○○○○○○　○○○○○○○

《孟浩然《もうこうねん》が広陵に之《ゆ》くを送る　李白《りはく》》

故人西のかた黄鶴楼《こうかくろう》を辞して　煙花《えんか》三月揚州《ようしゅう》に下る
孤帆遠影碧空《こはんえんえいへきくう》に尽き　惟《ただ》見る長江《ちょうこう》の天際《てんさい》に流るるを

今ここに浄土に旅立つ者あり
仮の世の名○○○○こと送る戒名《かいみょう》を

平成二十七年三月○日寂
享年八十四歳

孟浩然が広陵に之くを～：

《黄鶴楼送孟浩然之広陵　李白》

故人西辞黄鶴楼
煙花三月下揚州
孤帆遠影碧空尽
唯見長江天際流

〈現代語訳〉

安誉観月常正禅定門《あんにょかんげつじょうしょうぜんじょうもん》と号す
諦聴《たいちょう》せよ　思念せよ

常正禅定門は昭和六年三月十七日
父〇〇〇〇殿、母〇〇様の子として生《お》い立つ
学を修め、信楽焼《しがらきやき》の窯元にて職人として従事する
昭和二十五年、〇〇〇〇の養子となり
昭和三十年、〇〇様と二世《にせ》の契《ちぎ》りを交わす
昭和三十五年、〇〇〇〇にバスの運転手として勤務
昭和四十四年に長女を授かり
次女、長男に恵まれ、よく養育する
昭和五十三年から〇〇〇〇で定年まで勤続

友は西方の黄鶴楼をあとにして、／春光明媚《しゅんこうめいび》な三月、揚州へ赴《おもむ》く。／彼の乗る一艘の帆の影は遠く紺碧《こんぺき》の空に消え去る。（出棺の様子を連想）／見送れば、あとにはただ長江が天の涯《はて》までも滔々《とうとう》と流れるばかり。（天の涯を極楽浄土と連想）

定年退職後は農業に精を出し
子供らに父の謹厳《きんげん》を示す

無常の風は時をきらわず、一朝《いっちょう》病を得るや
刀圭《とうけい》の術《すべ》、功を奏せず、薬石《やくせき》も遂に空しく
ご家族の看護を受けつつ安らかに往生《おうじょう》の本懐《ほんかい》を遂《と》ぐ
生まれて謹厳の師となり、人の道ここにこれ極む
死して不滅の霊となり、仏の道ここにこれ開く
一代に残せしその足跡《そくせき》は
誠心以《せいしんもっ》て貫きその志《こころざし》や崇高
義を重んじて名利《みょうり》を望まず
心情のどかにして春風に似たり

謹厳＝真面目で、いかめしいこと。また、そのさま。

刀圭→36ページ
本懐→61ページ

己《おのれ》を持《じ》すること厳《おごそ》かにして秋霜《しゅうそう》を思う
往詣楽邦《おうげらくほう》の門出《かどいで》に一句を以《もっ》て餞別《せんべつ》とせん
貴方《あなた》を見送ればあとには
月影常に正しく照らす
令声不絶具足十念称
南無阿弥陀仏

往詣楽邦→43ページ
貴方を見送れば～：漢詩の一文「見送ればあとには」と戒名の字「安誉観月常正」を合わせて餞別の一句を作る。

引導下炬

〇〇〇〇〇〇　〇〇〇〇〇〇
〇〇〇〇〇〇　〇〇〇〇〇〇

生《せい》の縁あるところに全ての物生じ
滅《めつ》の縁あるところに全ての物滅す
千古万年《せんこまんねん》この理《ことわり》に違《たが》うこと能《あた》わず
仏を信ずる者は
よくこの因縁《いんねん》に従いて生《せい》を越え
よく死に処して悩みの苦海《くかい》をわたる

平成二十五年三月〇日寂
享年八十九歳

苦海＝苦しみの絶えないこの世を海にたとえていう語。

生か死か　死か生か
生はこれ地水火風の四大《しだい》仮に和合す
死はこれ身《み》と心《こころ》の五蘊《ごうん》仮に離れ散る
生も死も本来定まり相《あい》なく
散るも集まるも自《みずか》ら時節因縁に従う
世にある一切の物は一時《いっとき》の夢にすぎず
世間の事々物々《じじぶつぶつ》は一時の幻に似たり
捨てるに物なく拾うに品《ひん》なし

今ここに浄土に旅立つ者あり
仮の世の名〇〇〇〇こと送る戒名《かいみょう》を
風月院操誉専称智海大姉《ふうげついんそうよせんしょうちかいだいし》と号す

四大＝万物の構成要素とされる、地・水・火・風の四つの元素。

五蘊→99ページ

事々物々→84ページ

諦聴《たいちょう》せよ　思念せよ

大姉は大正十四年三月十三日
父◯◯◯◯殿、母◯◯様の一人娘として
受け難き人身《じんしん》を受く
長じて昭和二十年、◯◯様と二世《にせ》の契《ちぎ》りを結ぶ
五人の子宝に恵まれよく養育する
主人に仕えてよく貞順
子に教えてよく情愛
世《よ》に処しては流れに従う
ひたすらに仏心《ぶっしん》を得て仏性《ぶっしょう》を現す
然《しか》るに一度《ひとたび》病を得て四大《しだい》不調を感ずるや

仏性↓42ページ

至れりつくす温かき家族の看護を受け
何の悩みもなく、何の苦痛もなく
安らかに安らかに往生《おうじょう》して仏の世界に入《い》り
如来《にょらい》の蓮華台上《れんげだいじょう》に眠る

婦道の典型、在家《ざいけ》の女菩薩《にょぼさつ》
如上《じょじょう》はこれ大姉の消息たり、足跡《そくせき》たり
ただ今転身の刹那《せつな》
又且《か》つ如何《いかん》が報土《ほうど》を荘厳《しょうごん》せん

別れに臨《のぞ》み一句を以《もっ》て餞《はなむけ》とせん

消息＝たより。手紙。知らせ。人や物事の動静。なりゆきについての事情。
報土＝報身仏《ほうじんぶつ》が住む浄土。極楽浄土。

自己の計らい打ち捨てて
持ちつ持たれつ助け合い
感謝の暮らしに生きてこそ
仏の道にかなうなり

令声不絶具足十念称
南無阿弥陀仏

四月　清明・穀雨　【せいめい・こくう】

清浄明潔《しょうじょうめいけつ》（すべてが清らかで穢れがなく、明らかなこと。）

虹始見《にじはじめてあらわる》（虹が多く見られる季節。）

春山如笑《しゅんざんじょしょう》（穏やかな春山の景色。）

　春山澹冶《たんや》にして笑うが如く、夏山蒼翠《そうすい》にして滴《したた》るが如く

秋山明浄《めいじょう》にして粧《よそお》うが如く、冬山惨淡《さんたん》にして睡《ねむ》るが如し

和神養素《わしんようそ》（精神を和らげ、飾らない性質を養う。）

緑樹重陰《りょくじゅちょういん》（緑の木々が重なり合い、辺りを覆って薄暗い。）

　緑樹重陰蓋四隣（緑樹重陰四隣《しりん》を蓋《おお》う）

　青苔日厚自無塵（青苔《せいだい》日に厚うして自から塵無し）

　科頭箕踞長松下（科頭にして箕踞《ききょ》す　長松の下）

　白眼看他世上人（白眼もて看る他《か》の世上《せじょう》の人）

宿《しゅく》麦《ばく》連《れん》雲《うん》（早春の麦畑が雲に届くまで連なる。宿麦連雲有《あり》幾《き》家《か》。）
江《こう》山《ざん》満《に》花《か》柳《りゅう》（川にも山にも春が訪れて、花と柳が芽をふく。）

平成十七年四月〇日寂
享年七十一歳

引導《いんどう》下炬《あこ》

〇〇〇〇〇〇〇　〇〇〇〇〇〇〇
〇〇〇〇〇〇〇　〇〇〇〇〇〇〇

高原の静かな厳しき冬が過ぎ
野原に目を向けると
ふきのとうが芽吹き始め

草木も淡い緑が姿を現し
我らは春の足音を遠くに聞く
暦の上では四月と雖《いえど》も未《いま》だ肌寒く
天から雨が落ちれば身も心もこわばり
高原の春は未だ来たらず
人々は桜のつぼみを静かに心待ちにして
春のお告げをひそかに待ちわびる
これらの自然の成り行きは仏法《ぶっぽう》なり
また、自然の美観は仏の清浄心《しょうじょうしん》たり

今ここに浄土に旅立つ者あり
仮の世の名○○○○こと送る戒名《かいみょう》を

雲誉天柱《うんにょてんちゅう》紫霄禅定門《ししょうぜんじょうもん》と号す
諦聴《たいちょう》せよ　思念せよ

紫霄禅定門は昭和九年三月十七日
父〇〇〇〇殿、母〇〇様より受け難き人身《じんしん》を受く
長じて、〇〇様と京都にて契《ちぎ》りを結ぶ
一男一女の子宝に恵まれ
家族を養い、子供らを養育するため
一心に会社の勤めを果たす
平成六年、会社勤めをなし終えてこの地へと移る
この山深き信楽《しがらき》の地において
余生を静かに暮らすつもりも

雲誉天柱紫霄禅定門：趣味が写真と聞き、故人宅で空や雲の遠景の写真を見つけたので、戒名のイメージとした。

天柱＝とても大きな三脚。

霄＝みぞれ。大空。

平成十二年、突如として妻を黄泉《よみ》へ送る
悲しきかな、悲しむべし
妻を送り独りとなり
趣味の写真に打ち込むも心ここに在《あ》らず
美しき絵は映れど心は映らず
妻の写真残れどもそこに妻はなし
然《しか》れども一心に専念し写真に打ち込み
妻の心根《こころね》我が心の裡《うち》にあるを悟る
然るに惜しくも一度《ひとたび》病を得るや
医薬も遂に功を奏せず
近親の心からの看護も遂に及ばず
なつかしき家族と別れ、親しき知人を離れ

妻の写真残れども～心の裡にあるを悟る：写真に映るものは何か？　実際に映るものだけでなく、自分の心が映り込む。念仏同様、写真に専念することで仏の慈悲心、清浄心などが映されると説きたい。

無常の風の荒れすさむままに
散る桜の如く、忽然《こつねん》としてこの世を去る
惜しむべし、悲しむべし

かくの如きなれと雖も
紫霄禅定門よろしく仏を信じ
如来《にょらい》を敬い祖師《そし》に従い
南無阿弥陀仏《なむあみだぶつ》と専《もっぱ》ら称　名《しょうみょう》し
礼拝合掌《らいはいがっしょう》して
以《もっ》て成仏《じょうぶつ》の楽園にて安らかなるを要す

弥陀の遣迎《けんごう》に従って速やかに往詣《おうげ》せよ

往詣＝神仏に参拝すること。

餞別《せんべつ》の一句

水面《みなも》に映るは今生《こんじょう》の桜

今、天霄《てんしょう》に映るは如来の清浄心なり

令《りょう》声《しょう》不《ふ》絶《ぜつ》具《ぐ》足《そく》十《じゅう》念《ねん》称《しょう》

南《な》無《む》阿《あ》弥《み》陀仏《だぶつ》

引導下炬

○○○○○○○　○○○○○○○

水面に映るは今生の桜：季節の桜、散る桜で無常観を表したい。

天霄に移るは～：天霄とは大空。戒名の二文字（「天」と「霄」）を用いて、引導文の内容と合わせて極楽浄土を連想させたい

平成二十四年四月○日寂

享年九十一歳

○○○○○○　○○○○○○○

この年の冬は余りにも長く
寒さは格段に厳しく
私たちの体の温《ぬく》もりを奪い
時には人々の命をもさらう
ようやく春らしい暖かな陽《ひ》ざしを受け
緑の芽が現れはじめ
この一時をのがさじと
桜の花がひしめき合いながら咲き匂う
厳寒の寂しき冬は一頃《ひところ》かのよう
春和景明《しゅんわけいめい》、春日遅遅《しゅんじつちち》、春風駘蕩《しゅんぷうたいとう》

春和景明＝春の日の天候が
穏やかで、日の光が明るい

人々は春を迎え喜びの容相《ようそう》があふれだし
喜色満面《きしょくまんめん》となる

然《しか》れど雖《いえど》も
今ここに浄土に旅立つ者あり
仮の世の名○○○○こと送る戒名《かいみょう》を
歓誉哲岳《かんによてつがく》喜性禅定門《きしょうぜんじょうもん》と号す
諦聴《たいちょう》せよ　思念せよ

喜性禅定門は大正十年二月二十八日
父○○○○殿、母○○様より受け難き人身《じんしん》を受く
地元の小学校を卒業後、農業、林業一筋

こと。「春和」は春になって穏やかになった気候。「景明」は日光が明るい様子。「春和《やわら》ぎ景明らか」とも読む。

春日遅遅＝春の日が心地よく、のんびりとしている様子。「春日」は春の太陽。「遅遅」は時間がのんびりと過ぎていくこと。

春風駘蕩＝特に目立ったこともなく、平和で穏やかな様子。また、穏やかでのんびりとした性格や態度のこと。「春風」は春の穏やかな風。「駘蕩」はのんびりと落ち着いている様子。

勤勉に専《もっぱ》ら働く
昭和二十四年、縁ありて〇〇様と二世《にせ》の契《ちぎ》りを結ぶ
その後も当地杉山《すぎやま》において
田に入《はい》り、畑に向かい、山を踏みしめる
昭和五十四年、妻と共に五重相伝《ごじゅうそうでん》の会座《えざ》に連なり
念仏の奥義《おうぎ》を修める
浄土の教えを自らの仕事になぞらえて
田に入るときは仏道《ぶつどう》に入り
畑に向かうときは如来《にょらい》に向かい
山を踏みしめるときは仏の慈悲を噛みしめる
この上の無い娑婆《しゃば》に生かされると雖も
一度《ひとたび》病に侵され

田に入るときは～慈悲を噛みしめる：次のような対応関係にある。
田に入る―仏道に入り
畑に向かう―如来に向かい
山を踏みしめる―仏の慈悲を噛みしめる

長きの間、妻や家族のお世話を受ける
最後臨終《りんじゅう》の時は、二世《にせ》の契《ちぎ》りを交わした妻〇〇様の
腕に抱かれて浄土へ旅立つ

この大千世界《だいせんせかい》は仏の大生命《だいせいめい》のあらわれたり
この尽十方世界《じんじっぽうせかい》は一個の蓮華国《れんげこく》たり
山も仏性《ぶっしょう》のすがた
川も真如《しんによ》のすがた
一木一草《いちもくいっそう》も仏の一身《いっしん》たり
土砂瓦礫《どしゃがれき》も仏の御心《みこころ》たり
正《まさ》に知る世にある森羅万象《しんらばんしょう》は即《すなわ》ち
皆仏心《ぶっしん》のあらわれなり

仏性→42ページ
真如＝「あるがままであること」という意味があり、真理のことを指す。

心何処《いずこ》より来たり、心何処にか去る
縁《えん》に任せて来たり、縁に任せて去る
流れに従って来たり、また流れに従って去る
仏より出《い》でて仏の故郷《ふるさと》に帰る
その来たるや花開いて芳《かんば》しき香りを発し
その去るや花しぼみ落ちて枝葉《えだは》寂しし
この花の咲くもこの花の散るも
共々に仏性を離れず如来も去らず

今や別れに臨《のぞ》み一句を以《もっ》て餞《はなむけ》とせん

横より看《み》れば嶺《れい》を成し

横より看れば嶺を成し〜：
以下に挙げる漢詩から。
《題西林壁　蘇軾《そしょく》》
横看成嶺側成峰
遠近高低各不同
不識廬山真面目
只縁身在此山中
〈現代語訳〉

側《かたわら》よりすれば峰《ほう》を成す
遠近高低　各《おのおの》同じからず
廬山《ろざん》の真面目《しんめんぼく》を識《し》らざるは
只《ただ》身の此《こ》の山中に在《あ》るに縁《よ》る

令声不絶具足十念称
南無阿弥陀仏

引導下炬
人身《じんしん》受け難し今すでに受く

《西林の壁に題す　蘇軾》
横から見れば連なった山々のように、脇から見ればぽつんと突き出た一つの山のように見える。／見る人の立ち位置、遠近や高低によって見え方が変わるのだ。／廬山の本来の姿を知りえないのは、／ひとえに私がこの山中にいるからに他ならない。

平成二十年四月〇日寂
享年七十九歳

人身受け難し～↓74ページ

仏法《ぶっぽう》聴き難し今すでに聴く
この身今生《こんじょう》において度《ど》せずんば
更《さら》にいずれの生《しょう》においてかこの身を度せん
大衆もろともに
至心《ししん》に三宝《さんぼう》に帰依《きえ》し奉《たてまつ》るべし

会者定離《えしゃじょうり》は常《よ》の習《ならい》、今始めたるにあらず
何ぞ深く嘆かんや
宿縁《しゅくえん》むなしからずば同一蓮《どういつれん》に座せん
浄土の再会甚《はなは》だ近きにあり
今の別れは暫《しばら》くの悲しみ
春の夜の夢のごとし

会者定離＝この世で出会った者は、必ず別れる時がくる運命にあること。この世や人生は無常であることのたとえ。

宿縁＝前世からの因縁。宿《すく》世《せ》の縁。宿因。

同一蓮に座せん：よい行いをした者は極楽浄土に往生し、同じ蓮《はす》の花の上に身を託して生まれ変わるということ。一蓮托生《いちれんたくしょう》。また、

今ここに浄土に旅立つ者あり
仮の世の名〇〇〇〇こと送る戒名《かいみょう》を
浄理慈眼禅定尼《じょうりじげんぜんじょうに》と号す
諦聴《たいちょう》せよ　思念せよ

慈眼禅定尼は昭和五年九月
京都府亀岡市の〇〇家において受け難き人身《じんしん》を受く
縁あって昭和二十六年、〇〇〇〇殿と二世《にせ》の契《ちぎ》りを結び
家訓《かくん》に従い世相を尊《とうと》びよく夫を支える
一男の子宝にも恵まれ家を守るも
夫の仕事が世相にあわず苦労を共にする

極楽に往生した者が蓮華座の半分を残しておき、次に来る者を待つことを「各留《かくる》半座《はんざ》」と言う。

浄土の再会甚だ近きにあり…「倶会一処《くえいっしょ》」。阿弥陀仏の極楽浄土に往生した者は、浄土の仏・菩薩たちと一処で出会うことができるという。

然《しか》れども持ち前の心意気もあり
忍耐強く世間の荒波を乗り切る
およそ二十年前に縁ありて信楽《しがらき》の地で暮らす
されど十六年前に夫を浄土に送り
親一人、子一人の家族
言葉少なき間でも仲睦まじく暮らす
かくして近年体調を崩すことが増え
遂に夫の十七回忌を前に忽然《こつねん》としてこの世を去る

春　風駘蕩《しゅんぷうたいとう》として百花その美を競い
紅白《こうはく》まさにたけなわなり
花の咲くや時節因縁《いんねん》

春風駘蕩→121ページ
百花その美を競い〜：百花繚乱の状態。「百花繚乱」

花の散るもまた時節因縁
花開き花の落つる
これ仏の不可思議なる力
仏の優れたる行《おこない》
仏の勝れる妙智《みょうち》の致すところたり
轄眼《かつがん》を開いて大千《だいせん》世界を見究《みきわ》むれば
世にある事々物々《じじぶつぶつ》、森羅万象《しんらばんしょう》は皆
真理の全身たるを知る
一切のありさま悉《ことごと》く仏の慈悲の現れたるを覚《さと》る
今や一句を贐《はなむけ》して其《そ》の行《あん》を送らん

とは、美しいものがたくさんある状態。また優秀な人物が数多く現れ、立派な業績が一時期にたくさん出ること。

妙智＝妙なる智。仏の絶対的な智。

轄眼＝物事の道理をはっきり見通す眼識・見識。

事々物々→84ページ

一切の功徳《くどく》を具《ぐ》し
慈眼《じげん》を以《もっ》て衆生《しゅじょう》を視《み》たもう
福聚《ふくじゅ》の海は無量なり
是《こ》の故に応《まさ》に頂礼《ちょうらい》すべし

令声不絶具足十念称
南無阿弥陀仏

引導下炬

一切の精霊《しょうれい》極楽に生じ

福聚の海は無量なり＝福聚海無量。観音菩薩は一切の功徳を具えており、慈悲の眼を以て衆生を見て、大海のように無量無限の福徳を以て一切の衆生を救済しようとしておられる。だから、我々は信心を発して帰命し、礼拝に励むべきである。

平成二十五年四月〇日寂
享年卒寿

一切の精霊極楽に生じ～：

上品《じょうぼん》の蓮《はす》の臺《うてな》に正覚《しょうがく》を成《じょう》ず
菩提《ぼだい》の行願《ぎょうがん》は不退轉《ふたいてん》にして
三有《さんぬ》及び法界《ほうかい》を引導《いんどう》す

清明《せいめい》の時節雨紛々《ふんぷん》
路上の行人魂《こうじんこん》を断たんと欲す
借問《しゃもん》す酒家《しゅか》は何処《いずこ》に有る
牧童遥かに指す杏花《きょうか》の村
心清浄《しょうじょう》なれば身もまた清浄なり
世界もまた清浄なり
清浄心のあらわるるところ
天に地に人も自然も万物も

全ての精霊が極楽浄土に往生し、上品上生の蓮台で完全なる覚りを得、覚りを求める願いが後戻りしないように、全ての世界の迷える衆生を覚りの世界へ導いてください、との願いを込めている。

三有＝三界

清明の時節雨紛々／路上の行人魂を断たんと欲す‥

《清明　杜牧《とぼく》》
清明時節雨紛紛
路上行人欲斷魂
借問酒家何處有
牧童遙指杏花村

悉《ことごと》く迷いを離れて自由自在の活気に生きる
かくして縦には過去現在未来の三世《さんぜ》を貫き
横にはあまねく十方《じっぽう》にわたりて
一切穢《けが》れなき清らかな仏の世界に遊ぶ

今ここに浄土に旅立つ者あり
仮の世の名〇〇〇〇こと送る戒名《かいみょう》を
清明杏葉信女《しょうみょうきょうようしんにょ》と号す
諦聴《たいちょう》せよ　思念せよ

杏葉信女は大正十三年二月十六日
奈良県高取《たかとり》町にて

〈現代語訳〉
時は清明の時節というのに春雨がしとしとと降りしきっている。／その中を歩いていると、侘《わび》しさに心が折れそうになる。／私は尋ねる。「ちょっと君、居酒屋はどこだい」／牛飼いの少年は、はるか先の杏《あんず》の花咲く村を指差した。

清明杏葉信女：杏花の村→月影杏葉《つきかげきょうよう》、浄土宗→極楽浄土へと捉え、漢詩の題名の「清明」と月影杏葉の「杏葉」から戒名とする。読み方は「しょうみょう」「きょうよう」に読み替え

父〇〇〇〇殿、母〇〇様より受け難き人身《じんしん》を受く
縁あって〇〇殿と二世《にせ》の契《ちぎ》りを結び
家訓に従い世相を尊びよく夫を支える
四人の子宝にも恵まれ又よく薫育《くんいく》し
折に触れては人道を優しく説き、手ほどきする
然《しか》るに惜しくも一度《ひとたび》病を得るや
医薬も遂に功を奏せず
近親の心からの看護も遂に及ばず
なつかしき家族と別れ親しき知人と離れ
無常の風の荒れすさむままに
散る桜の如く、忽然《こつねん》としてこの世を去る
惜しむべし、悲しむべし

ている。

薫育→89ページ

かくの如きなれと雖《いえど》も
杏葉信女よろしく仏を信じ
如来《にょらい》を敬い祖師《そし》に従い
南無阿弥陀仏《なむあみだぶつ》と称名《しょうみょう》し礼拝合掌《らいはいがっしょう》して
以《もっ》て成仏《じょうぶつ》の楽園に安らかなるを要す

往詣楽邦《おうげらくほう》の門出《かどいで》に一句を以て餞別《せんべつ》とせん

借問《しゃもん》す我の行方《ゆくえ》は何処《いずこ》に有りや
菩薩《ぼさつ》目前に指さす浄土の門

往詣楽邦↓43ページ
借問す我の行方は何処に有りや／菩薩目前に指さす浄土の門：漢詩「清明」の三・四行目「借問す酒家は何処に有る／牧童遥かに指す杏花の村」を踏まえている。

令声不絶具足十念称
南無阿弥陀仏

五月　立夏・小満【りっか・しょうまん】

竹　笋生《たけのこしょうず》（筍が生えてくる。）
紅花栄《べにばなさかう》（紅花が盛んに咲く頃。）
大方無隅《たいほうむぐう》（大方は隅無し。大きな四角形の中にいると、四隅はないように思え、それが四角形であることすらわからない。）
踏青看竹《とうせいかんちく》（春は野の散歩にも、竹を賞するにもよい季節である。）
澗水無聲《かんすいこえなく》（谷の水は音もなく竹をめぐって流れる。）
澗水無聲繞竹流（澗水《かんすい》声無く竹を繞《めぐ》って流る）
竹西花草弄春柔（竹西《ちくせい》に花草《かそう》　春柔《しゅんじゅう》を弄《もてあそ》ぶ）
茅簷相對坐終日（茅簷《ぼうえん》相い対して坐すること終日）
一鳥不鳴山更幽（一鳥《いっちょう》鳴かずして　山更《さら》に幽なり）
花意竹情《かいちくじょう》（花のこころと、竹のなさけ・おもい。）

至道無為《しどうむい》（最高の道は無為自然である。あるがままの生き方の先に最良の道はある。）
心外無法《しんげむほう》（心の外に三界はなく、あらゆる存在は心の中の現象に過ぎない。）
満目青山《まんもくせいざん》（満目すべて山。山になりきったさまをいう。）

平成二十九年五月〇日寂
享年七十三歳

引導下炬《いんどうあこ》

〇〇〇〇〇〇〇　〇〇〇〇〇〇〇
〇〇〇〇〇〇〇　〇〇〇〇〇〇〇

会者定離《えしゃじょうり》は常の習《ならい》、今始めたるにあらず
何ぞ深く嘆かんや
宿縁《しゅくえん》むなしからずば同一蓮《どういちれん》に座せん

会者定離↓126ページ
宿縁↓126ページ
同一蓮に座せん↓126ページ

浄土の再会甚《はなは》だ近きにあり
今の別れは暫《しばら》くの悲しみ
春の夜の夢のごとし

今ここに浄土に旅立つ者あり
仮の世の名○○○○こと送る戒名《かいみょう》を
願誉清蓮妙房禅定尼《がんによしょうれんみょうぼうぜんじょうに》と号す
諦聴《たいちょう》せよ　思念せよ

妙房禅定尼は昭和十九年二月八日
父○○○○殿、母○○様より受け難き人身《じんしん》を受く
縁あって同じ町内、○○○○殿と二世《にせ》の契《ちぎ》りを結ぶ

浄土の再会甚だ近きにあり
↓127ページ

願誉清蓮妙房禅定尼：戒名の「清蓮」と趣味の花づくりから、春の情景、花、蓮をテーマに引導を考える。

家訓に従い世相を尊びよく夫を支える
二人の子女にも恵まれよく薫陶《くんとう》する
妙房禅定尼は華《はな》を愛し、慈《いつく》しみ、敬い、深く重んじ
華に礼拝《らいはい》を捧げる
あたかも愛娘《まなむすめ》たちに愛情を注ぐが如く
また、そう思いを込めながら華を育てることが
いと楽しく、甚だ嬉しく
刹那《せつな》とはいえ華の中に御仏《みほとけ》を観《み》る
孫を得ては、立派に成長することを願い
ある時は厳しくも接する
それは、厳冬をしのぐ草木に相《あい》似たり
然《しか》れども、本年五月〇日、頼りの夫、愛《いと》しい二人の娘、

薫陶→82ページ

華に礼拝を捧げる：花を活けるとき膝をついて作業をするイメージから、礼拝を連想する。そこから「華の中に御仏を観る」（見仏）につなげる。

愛《あい》くるしい孫たちを残して
慈悲深い妙房禅定尼は忽然《こつねん》としてこの世を去る
花開いて蝶《ちょう》飛び来たり、蝶飛び来たれば花開く
花は蝶を知らず、蝶は花を知らず
花は心なく蝶を招き、蝶は心なく花を訪ぬる
人は心あると雖《いえど》も、自然の計らいにより
人と出会い人と接し人と交わり人と別れる
これ阿弥陀仏《あみだぶつ》の計らいによる真実の姿
これ阿弥陀仏の慈悲の現れたるを悟る

往詣楽邦《おうげらくほう》の門出《かどいで》に一句を以《もっ》て餞別《せんべつ》とせん

往詣楽邦↓43ページ

一切のありとあらゆる菩薩《ぼさつ》
おのおの天の妙華《みょうげ》、宝香《ほうこう》、無価《むげ》の衣《ころも》を齎《もたら》し
阿弥陀仏を供養《くよう》し奉《たてまつ》る
令《りょう》声《しょう》不《ふ》絶《ぜつ》具足《ぐそく》十念《じゅうねん》称《しょう》
南《な》無《む》阿《あ》弥《み》陀《だ》仏《ぶつ》

引導下炬
人身《じんしん》受け難し今すでに受く

令和元年五月〇日寂
享年六十三歳

人身受け難し～↓74ページ

仏法《ぶっぽう》聴き難し今すでに聴く
この身今生《こんじょう》においてで度《ど》せずんば
更《さら》にいずれの生《しょう》においてかこの身を度せん
大衆もろともに
至心《ししん》に三宝《さんぼう》に帰依《きえ》し奉《たてまつ》るべし

それ朝《あした》に開《あ》くる栄華は夕《ゆうべ》の風に散り易く
夕《ゆうべ》に結ぶ命露《めいろ》は朝《あした》の日に消え易し
これを知らずして常に栄えんことを思い
これを暁《さと》らずして久しくあらんことを思う
然《しか》る間《ま》無常の風一度《ひとたび》吹きて
有為《うい》の露《つゆ》長く消えぬれば

有為＝因縁によって生じた、

これを慌野《こうや》に棄て、これを遠き山に送る
骸《しかばね》は遂に苔《こけ》の下に埋もれ、魂《たましい》は独り旅の空に迷う
嗚呼《ああ》悲しい哉《かな》

ここに新蓮華生《しんれんけしょう》俗名〇〇〇〇の霊位《れいい》送る戒名《かいみょう》を
清浄三竜信士《しょうじょうさんりゅうしんじ》と号す
諦聴《たいちょう》せよ　思念せよ

昭和三十年九月十八日
遠く西方《さいほう》の地で生まれ難き人界《にんかい》に生まる
縁ありて近江《おうみ》の国にて生活の基盤を築く
而《しこう》して六十三年という人生を送る

生滅変化してやまない現実のありさま。

清浄三竜信士：故人はよく若い人たちの世話をしていた。そこで、三輪清浄（布施の三つの要素、施者、受者、施物は空であり、執着してはならない、清浄でなければならない、ということ）の前後を入れ替え、かつ「輪」を「竜」に変更して戒名とした。

而して→54ページ

現代では六十有余年の往年《おうねん》は瞬《またた》く間《ま》と雖《いえど》も
目まぐるしく変わる世間に翻弄されながら
世相に順じ、人の世に交わり
この世の中に従いつつ生涯を全うする
そして今遂に、ようやく会ひ難き仏教に値《あ》へり

汝《なんじ》今多生曠劫《たしょうこうごう》を経て
このたび出離《しゅつり》の直道《じきどう》に赴《おもむ》かずんば
いずれの時にか菩提《ぼだい》の正路《しょうろ》に向かうべき
然るに何の幸いぞ
今釈迦牟尼佛《しゃかむにぶつ》末法《まっぽう》の遺跡《ゆいせき》たる弥陀《みだ》の本誓願《ほんぜいがん》
極楽の要門《ようもん》に会へり

多生曠劫＝「曠劫」は非常に長い年月。何度も生まれ変わり死に変わりする、流転きわまりない長い期間。

出離＝生死輪廻を繰り返す迷いの境界を離れ出ること。念仏を称え、阿弥陀仏の本願力に乗じて極楽浄土に往生すること。

直道＝仏道の悟りに到達するのに最も近い道。直路。

末法＝仏教で、仏の教えのみが存在して悟りに入る人がいない時期のこと。

弥陀の願力《がんりき》を強縁《ごうえん》とするが故に
有智無智《うちむち》を論ぜず、持戒破戒《じかいはかい》を簡《と》ばず
無漏無生《むろむしょう》の国に生まれて永く不退《ふたい》を証することを得《う》
請《こ》う見よ釈迦は行《ゆ》けと勧め
弥陀は来たれと西方《さいほう》浄土より喚《よ》び給う
往詣楽邦《おうげらくほう》の門出《かどいで》に一句を以《もっ》て餞別《せんべつ》とせん
光明遍照《こうみょうへんじょう》　十方世界《じっぽうせかい》　念仏衆生《ねんぶつしゅじょう》　摂取不捨《せっしゅふしゃ》
令声不絶具足十念称
南無阿弥陀仏

本誓願＝本誓偈《ほんぜいげ》。弥陀の本誓願は極楽の要門なり。定散等しく回向《えこう》して、速やかに無生身を証せん。

有智無智＝仏法の知識のある者と、知恵のない者の区別なく、全員。

簡ばず＝選ばず。

無漏無生の国＝阿弥陀仏の極楽浄土のこと。無漏無生の界、無漏無生宝国《ほうこく》などともいう。極楽はけがれなき清浄の世界であり、また生滅変化を離れた国という意味。

往詣楽邦→43ページ

引導下炬

至心《ししん》に帰命《きみょう》し礼《らい》し奉《たてまつ》る
西方阿弥陀仏《さいほうあみだぶつ》
弥陀の智願海《ちがんかい》は深広《じんこう》にして涯底《がいてい》なし
御名《みな》を聞きて往生《おうじょう》せんと欲《ほっ》すれば
皆悉《ことごと》く彼《か》の国に到るべし

それ朝《あした》に開《あ》くる栄華は夕《ゆうべ》の風に散り易く
夕《ゆうべ》に結ぶ命露《めいろ》は朝《あした》の日に消え易し
これを知らずして常に栄えんことを思い

平成二十七年五月〇日寂
享年六十三歳

智願海＝阿弥陀仏の智慧から おこった本願（智願）の広大で深遠な徳を、海にたとえていう。

御名＝阿弥陀仏。

これを暁《さと》らずして久しくあらんことを思う
然《しか》る間《ま》無常の風一度《ひとたび》吹きて
有為《うい》の露《つゆ》長く消えぬれば
これを慌野《こうや》に棄て、これを遠き山に送る
骸《しかばね》は遂に苔《こけ》の下に埋もれ、魂《たましい》は独り旅の空に迷う
嗚呼《ああ》悲しい哉《かな》

ここに新蓮華生《しんれんけしょう》故○○○○の霊送る戒名《かいみょう》を
節義法道信士《せつぎほうどうしんじ》と号す
諦聴《たいちょう》せよ　思念せよ
汝《なんじ》今多生曠劫《たしょうこうごう》を経て

有為→142ページ

多生曠劫→144ページ

昭和二十八年三月二十九日、長崎県佐世保市にて
父〇〇〇〇殿、母〇〇様より受け難き人身《じんしん》を享《う》く
生まれながらにして自由を重んじ
楽しい人生を尊ぶとはいえ節義を以《もっ》て生きる
然れども、長じて一人親元を離れ
独学にて学を修める
自らが信ずる仕事を求め、東京はおろか
風の吹くままに、あるいは風に身を任せて
この地あの地において仕事に励む
何らかの縁あってかこの信楽《しがらき》の地を選び
〇〇〇を興し二十有余年、専《もっぱ》ら仕事に打ち込む
風の便りから多くの仲間が集まり

人の集まる音を聞いて知人が増え
心根が知れ大きな人の輪となる
「至心信楽《しんぎょう》」即《すなわ》ち仏の計らいなり

このたび出離《しゅつり》の直道《じきどう》に赴《おもむ》かずんば
いずれの時にか菩提《ぼだい》の正路《しょうろ》に向かうべき
然るに何の幸いぞ
今釈迦牟尼佛《しゃかむにぶつ》末法《まっぽう》の遺跡《ゆいせき》たる弥陀《みだ》の本誓願《ほんぜいがん》
極楽の要門《ようもん》に会へり
弥陀の願力《がんりき》を強縁《ごうえん》とするが故に
有智無智《うちむち》を論ぜず、持戒破戒《じかいはかい》を簡《と》ばず
無漏無生《むろむしょう》の国に生まれて永く不退《ふたい》を証することを得《う》

信楽→74ページ

出離→144ページ
直道→144ページ
末法→144ページ
本誓願→145ページ
有智無智→145ページ
簡ばず→145ページ
無漏無生の国→145ページ
往詣楽邦→43ページ

請《こ》う見よ釈迦は行《ゆ》けと勧め
弥陀は来たれと西方《さいほう》浄土より喚《よ》び給う
往詣楽邦《おうげらくほう》の門出《かどいで》に一句を以《もっ》て餞別《せんべつ》とせん
光明遍照《こうみょうへんじょう》　十方世界《じっぽうせかい》　念仏衆生《ねんぶつしゅじょう》　摂取不捨《せっしゅふしゃ》
令声不絶具足十念称
南無阿弥陀仏

六月　芒種・夏至【ぼうしゅ・げし】

腐　草為蛍《くされたるくさほたるとなる》（腐ったような湿った草から蛍が飛び立つ。）

梅子黄《うめのみきばむ》（梅の実が黄色くなって熟す頃。）

菖蒲華《あやめはなさく》（菖蒲の花が美しく咲き始める。）

雨生衆緑《うしょうしゅうりょく》（雨に全ての緑が芽生える。）

梅潤入書《ばいじゅんしょにいる》（梅雨の湿気が書物にしみとおる。）

蒲深柳密《ほふかくやなぎみつ》（蒲が長く伸び、柳が生い茂る。）

随処作主《ずいしょさしゅ》　立処皆真《りっしょかいしん》（随所に主となれば、立処皆真なり。）

人生貴適意《じんせいいにかなうをたっとぶ》（人生、意にかなうを貴《たっと》ぶ。）

白雲萬里《はくうんばんり》（茫洋として捉えようもない。）

守道有天知《みちをまもらばてんのしるしあり》（人として人たる道を守れば、天が知るところとなって、幸福が巡ってくる。）

引導下炬《いんどうあこ》

○○○○○○○　○○○○○○○

○○○○○○○　○○○○○○○

春《しゅん》　風駘蕩自《ふうたいとうおの》ずから心和《やわ》らぐ

径草《けいそう》　愈《いよいよ》　青くして華《はな》は　彩《いろどり》　多し

誰ならん茉莉花《まつりか》を低く緩《ゆる》やかに唱うは

将《まさ》に時は万物に歓《よろこ》びの歌を賜《たま》わんとす

春風駘蕩として百花その美を競い

平成二十九年六月○日寂

享年七十七歳

春風駘蕩自ずから～：故人の戒名「蕩誉朝陽春和」を「春風駘蕩」から引用しているので、この漢詩を選ぶ。

《聴老歌茉莉花而作七絶》

春風駘蕩自心和

径草愈青華彩多

誰茉莉花低緩唱

将時万物賜歓歌

春風駘蕩→121ページ

紅白まさにたけなわなり
花の咲くや時節因縁《いんねん》
花の散るもまた時節因縁
花開き花の落つる
これ仏の不可思議なる力
仏の優れたる行《おこない》
仏の勝れる妙智《みょうち》の致すところたり
世にある森羅万象《しんらばんしょう》は皆真理たるを知る
一切の現象《ありさま》は悉《ことごと》く仏の慈悲の全露出《あらわれ》たるを悟る
今ここに浄土に旅立つ者あり
仮の世の名〇〇〇〇こと送る戒名《かいみょう》を

百花その美を競い～↓128ページ

妙智↓129ページ

往相院蕩誉朝陽春和禅定尼《おうそういんとうよちょうようしゅんわぜんじょうに》と号す
諦聴《たいちょう》せよ　思念せよ

往相院は昭和十四年一月二十一日
父〇〇〇〇殿、母〇〇様の長女として
信楽町《しがらきちょう》〇〇にて受け難き人身《じんしん》を受く
長じて昭和三十九年三月六日
縁あって信楽町杉山《すぎやま》の〇〇家に嫁《とつ》ぎ
〇〇様と二世《にせ》の契《ちぎ》りを結ぶ
二女の子宝に恵まれ
祖父祖母を交え六人家族の切り盛りをしながらも
〇〇〇〇に勤続三十年を成し遂げる

往相院～：ご主人の院号が「還相院」なので、対になるよう「往相院」とした。「往相回向《えこう》」「還相回向」という言葉もある。

家庭と仕事の両立を立派に果たす
平成十七年、高岸寺《こうがんじ》の五重相伝《ごじゅうそうでん》の会座《えざ》に連なり
念仏の奥義《おうぎ》を体得する
穏やかな老後を思い描く最中《さなか》
平成二十三年一月、頼みのご主人を浄土に送る
常に仏壇のかたわらに
五重相伝の血脈と愛《いと》しき二女の証をともに供えて
念仏の行《ぎょう》に励む
自身の往生《おうじょう》より仏に願いを込めるは
○○家、二人の娘家族のまだ見えぬ未来への想い一心
往相院は世にあること七十有余年の活生涯《かつしょうがい》
即今《ただいま》命尽きて惜しくも他界に入《い》る

五重相伝の血脈と…「血脈相承」という言葉があり、これは仏教において、法が師から弟子へと相続されることを、人体における血液の流れにたとえている。

愛しき二人の証をともに供えて…故人は、二人の娘のへその緒を大切に仏壇にしまっていた。ここでは「へその緒」を「愛しき二女の証」と言い換える。

悲しみ慕う家族と別れて仏の懐《ふところ》に入《はい》る
恰《あたか》も水流れて元の海に帰《き》するが如く
鳥飛んで黄昏《たそがれ》その塒《ねぐら》に安らかなるに相《あい》似たり
今は亡きご主人の七回忌《しちかいき》に招かれるかの如く
ただ願わくは只管《ひたすら》感謝報恩につとめ
南無阿弥陀仏《なむあみだぶつ》と称名《しょうみょう》し
菩提《さとり》の彼岸《ひがん》に逍遥《しょうよう》す
以《もっ》て仏の蓮華台《れんげだい》上に安楽なるを要す

今や別れに臨《のぞ》み一句を以《もっ》て餞《はなむけ》とせん

鳥飛んで黄昏その塒に：枕経で鳥が飛んできたことに触れる。
鳥＝亡きご主人
塒＝極楽
逍遥＝あちこちをぶらぶら歩くこと。散歩。そぞろ歩き。

薫風何処よりか来たる～：《偶題《ぐうだい》　于謙《うけん》》
薫風何処来

薫風《くんぷう》何処《いずこ》よりか来たる
我が庭前《ていぜん》の樹《き》を吹く
啼鳥《ていちょう》繁陰《はんいん》を愛し
飛び来たりて飛び去らず
令声《りょうしょう》不絶《ふぜつ》具足《ぐそく》十念称《じゅうねんしょう》
南無阿弥陀仏《なむあみだぶつ》

引導下炬

人身《じんしん》受け難し今すでに受く

吹我庭前樹
啼鳥愛繁陰
飛来不飛去
〈現代語訳〉
かぐわしい夏の風がどこからかやって来て／我が家の庭先の樹々を吹き過ぎる。／啼く鳥は繁った木陰を愛して／飛んで来てそのまま飛び去ろうとしない。

平成二十四年六月○日寂
享年八十五歳

人身受け難し～↓74ページ

仏法《ぶっぽう》聴き難し今すでに聴く
この身今生《こんじょう》において度《ど》せずんば
更《さら》にいずれの生《しょう》においてかこの身を度せん
大衆もろともに
至心《ししん》に三宝《さんぼう》に帰依《きえ》し奉《たてまつ》るべし

起伏する限りなき広き天地
陽《ひ》や月の光り輝く果てしなき大空
山の高くそびえ、川の長々として連なる
何《いず》れも皆仏性《ぶっしょう》の相《すがた》たり
仏性はそのまま千差万別《せんさばんべつ》の森羅万象《しんらばんしょう》として形を現す
山河大地《さんがだいち》など一切の外《ほか》に仏性なく

仏性↓42ページ

仏性の外《ほか》に陽《ひ》や月の光なし
世にあるあらゆるものは悉《ことごと》く常なくして定まらず
生《しょう》ある一切諸法《いっさいしょほう》は悉く我なく移り変わりて常にあらず
覆載《ふうさい》の間《あいだ》一つとして不動の相《すがた》なく
生きとし生けるもの一つとして変わらざる己《おのれ》なし
万物は何れも皆定まった相《すがた》なければ
生きるの生《しょう》に生の相《すがた》なく
滅《めっ》するの滅《めつ》に滅の相《すがた》もなし

今ここに浄土に旅立つ者あり
仮の世の名○○○○こと送る戒名《かいみょう》を
法渠順行禅定門《ほうきょじゅんぎょうぜんじょうもん》と号す

覆載＝この世にあるすべてのものを天が覆い地が支えていること。天地。宇宙。

法渠順行＝法が渠《みぞ》となって順に流れ行くこと。

諦聴《たいちょう》せよ　思念せよ

順行禅定門は昭和三年二月
信楽《しがらき》町杉山《すぎやま》にて父〇〇〇〇殿、母〇〇様より
受け難き人身《じんしん》を受く
まもなく家族全てが病に侵され
早くに両親、姉と別れる
然《しか》れども、その病院にて妻〇〇さんと出会い
二世《にせ》の契《ちぎ》りを交わす
子宝に恵まれず力を落とすも
夫婦二人仲良く閑静に暮らす
平成四年五月、最愛の妻を浄土へ送り天涯孤独となるも

閑静＝もの静かで、落ち着いたさま。

杉山の親戚のお世話を頂戴し
寂しき中にも喜びを見つけ
静かな人生を全うする
今、八十有余年の長きの処世《しょせい》をしめやかに閉じ
独り浄土へと向かう

水の変じて雨に雪に
或《あるい》は霧となり霞《かすみ》となり露《つゆ》となる
虹の美観、河川の清流、大海《たいかい》の広々《こうこう》たる佳境《かきょう》これ水たり
水の真《まこと》の相《すがた》はいずれにありや
花の咲くも一時《いっとき》の仮の相《すがた》
花の散るも一時の因縁《いんねん》の相《すがた》

頂戴＝頭の頂きにのせ戴くことで、経典などを奉持し戴くこと。今では一般に、物をもらうことや、物事を願うことに言うようになった。

処世＝世間で暮らしてゆくこと。世渡り。

水の変じて雨に雪に〜：戒名「法渠順行」の意味に合わせて、法の流れを水の流れにたとえる。

佳境＝興味を感じさせる場面。景色のよい所。

人間生くるも死ぬも皆一時の仮の生命《いのち》たり
咲ける花永く散らさじと念じ
生くる人永久《とわ》に死なじと希《こいねが》う
これはこれ万物は常になく
移り変わる人生に執着するの迷いたり
理《ことわり》に背《そむ》くのは煩悩《ぼんのう》たり
我ら今はただ阿弥陀仏《あみだぶつ》の御名《みな》を称《たた》え
順行禅定門が安楽国《あんらくこく》に行《ゆ》かんことを
ただ願うのみ

往詣楽邦《おうげらくほう》の門出《かどいで》に一句を以て餞別《せんべつ》とせん

生まれては　先《ま》ず思い出ん　ふるさとに
契《ちぎ》りし友の　深き誠を

令声不絶具足十念称
南無阿弥陀仏

引導下炬
行宮《あんぐう》に月を見れば傷心《しょうしん》の色
夜雨《やう》に鈴を聞けば腸断《ちょうだん》の声
天旋《めぐ》りて日《ひ》転じて竜馭《りゅうぎょ》を迴《めぐ》らし

平成二十八年六月○日
享年零《ぜろ》歳

行宮に月を見れば～‥
《長恨歌《ちょうごんか》　白居易》
行宮見月傷心色
夜雨聞鈴腸斷聲

此《ここ》に到りて躊躇《ちゅうちょ》して去る能《あた》わず

人の一生の浅き深き、人生一代の広き狭きは
齢《よわい》の多少によらず、年の如何《いかん》を論ぜず
齢《よわい》若くして入寂《にゅうじゃく》するあり
年老いて全うするあり
花の朝《あした》月の夕べ粒粒《りゅうりゅう》辛苦《しんく》して育《はぐく》みし
母の池苑《ちえん》の蓮一根《はすいっこん》
一夜《いちや》思わぬ暴風暴雨あり
忽《たちま》ち池の水溢れ堰《せき》崩れ落ち
愛しい蓮一根事《こと》切れる
昨日の二輪《うるわ》麗しき夢今いずこ

天旋日転迴竜馭
到此躊躇不能去
〈現代語訳〉
仮の皇居に月を見れば、痛ましい心をそのまま映しているように見える。
夜の雨の中、鈴の音を聞けば、腸《はらわた》をちぎられるような悲しい声に聞こえる。
天下の情勢が一変し、天子は長安に戻っていかれる。
途中、楊貴妃《ようきひ》の殺された馬《ば》嵬《かい》駅で立ち止まり、去ることがおできにならない。

母の池苑の蓮一根：母親を池、お腹の赤ちゃんを蓮の根にたとえる。

過日の芳《かんば》しき二輪の望み今いずれ
その一輪の行方を知らずその所在を見ず
草葉に宿る一滴の白露《びゃくろ》散ってあとなく
雲間に浮かぶ一輪の明月《めいげつ》去ってかげなし

今ここに浄土に旅立つ者あり
仮の世の名○○○○こと送る戒名《かいみょう》を
荷花水子《かかすいし》と号す
諦聴《たいちょう》せよ　思念せよ

霊位《れいい》は平成二十八年、父○○○○殿、
母○○様より受け難き命の源《みなもと》を戴《いただ》く

苦心惨憺《さんたん》して得られた子宝に
父は歓喜し、母は悦《えつ》に入《い》る
父はかたわらから信実を伝え
母は触れながら情愛を共に育む
然《しか》れども嬉《き》嬉《き》たる日々は極々僅《ごくごくわず》か
この世にて一声《いっせい》も発することなく
ただただ小さな小さな身体《からだ》を両親に預け
傷《いた》ましくも惜しくも
忽然《こつねん》として世を去り今や即《すなわ》ちなし
ああ呼べども帰らず尋ぬれども見えず
転《うた》た愛惜《あいじゃく》の情にたえず

二輪＝兄弟
荷花水子：生まれてくる子供の名前に「蓮」の字を使うつもりであったと聞き、この戒名にした。蓮＝荷花
苦心惨憺＝非常に苦心していろいろやってみること。
嬉嬉＝笑い楽しむさま。喜びうれしがるさま。

転た→36ページ
帰り来たれば〜：

帰り来たれば池苑《ちえん》皆旧《きゅう》に依《よ》る
太液《たいえき》の芙蓉《ふよう》未央《みおう》の柳《やなぎ》
芙蓉は面《おもて》の如く柳は眉《まゆ》の如し
此《これ》に対して如何《いかん》ぞ涙の垂《た》れざらん
眇《びょう》　眇《びょう》たる君を送るに衷心《ちゅうしん》一句を捧げて
永く袂《たもと》を分かつに餞《はなむけ》とせん
この世に御名《みな》を称《とな》うとき　彼《か》の世に開く蓮の華
令声不絶具足十念称
南無阿弥陀仏

《長恨歌　白居易》
帰来池苑皆依旧
太液芙蓉未央柳
芙蓉如面柳如眉
対此如何不涙垂
〈現代語訳〉
一行が長安宮に帰ってくると、池も苑もみな昔のままだった。／太液池の蓮の花。未央宮の柳。／蓮の花は楊貴妃の顔のように、柳は楊貴妃の眉のように思われる。／これに対して、どうして涙が垂れるのを抑えられよう。

眇眇＝小さいさま。

香語《こうご》

〇〇〇〇〇〇〇　〇〇〇〇〇〇〇
〇〇〇〇〇〇〇　〇〇〇〇〇〇〇

毒味《どくみ》も醍醐味《だいごみ》ももと同じ一味にして二つなし
仏の道と人の道と二つにして一つたり
諦《あきら》め来たらば生《しょう》もなく亦《また》死もなし
何をか迷い何をか悟る
何をか求め何をか嫌う
ありがたき御仏《みほとけ》の御慈悲の光明蔵《こうみょうぞう》は尽十方《じんじっぽう》に遍《あまね》く輝き

香語＝「拈香法語《ねんこうほうご》」の略。能化《のうけ》の葬儀式で導師が香を焚いて棒読する法語（『新纂浄土宗大辞典』Web版）。

平成二十九年六月〇日寂
享年七十五歳

光明蔵＝無明を破り真如の

貴《とうと》き如来《にょらい》の大功徳《だいくどく》は天地に満ち
四方にあふれて露《ろ》堂々
我ら衆生《ひとびと》の脚下《きゃっか》は黄金の地にして
到る処《ところ》仏の国土にあらざるはなし
こちらの岸即《すなわ》ち此岸《しがん》のあるところ
必ずかなたの岸彼岸《ひがん》あり
迷いのあるところ必ず悟りあり
故に悟りとは迷いの道に咲く花たり

今ここに浄土に遷化《せんげ》する和尚《おしょう》あり
紫雲院聖衆山来迎寺《しうんいんしょうしゅうざんらいこうじ》第四十八世
送る戒名《かいみょう》を

光を輝かす智慧、自己の本心をいう。

露堂々＝明歴々露堂々《めいれきれき》。歴々と明らかに、堂々と露《あら》わる。明らかにはっきりあらわれていて、少しも覆い隠すところがない。

遷化＝僧の死亡を、婉曲的に、かつ敬っていう語。正しくは「遷移化滅《せんいかめつ》」で「遷化」はその略語。宗派によって「示寂《じじゃく》」「逝去《せいきょ》」等が用いられる。一般家庭では忌中札を掲げ、僧侶の場合は山門不幸の立て札が寺院の門に掲げられる。

正蓮社《しょうれんじゃ》法譽《ほうよ》上人《しょうにん》興阿《こうあ》光明蔵《こうみょうぞう》隆眞《りゅうしん》老和尚《ろうおしょう》と号す
諦聴《たいちょう》諦聴　念思《ねんし》念思

隆眞老和尚は昭和十七年八月二十日
この世に生《せい》を享《う》く
十歳の昭和二十七年、○○○○上人《しょうにん》を師僧《しそう》として
戒師《かいし》の○○○○上人より得度《とくど》、度牒《どちょう》を受ける
昭和四十三年、僧階《そうかい》を獲《え》
翌年五個荘《ごかしょう》町の西照寺《さいしょうじ》の住職を拝命するも
昭和四十五年に辞任
昭和四十六年、璽書道場《じしょどうじょう》に入行
而《しこう》して同年二月九日、紫雲院聖衆山来迎寺住職を拝命

得度→54ページ
度牒＝僧尼が出家剃髪して仏門に入ったこと（得度）を公認する証明書。
璽書＝教えの真髄を信頼する門人に伝えて、教えの広布を願うこと。
而して→54ページ

同年四月、真徳寺《しんとくじ》本尊前にて
浄顕寺《じょうけんじ》○○○○上人を仲人《なこうど》、戒師として
○○様と二世《にせ》の契《ちぎ》りを結ぶ
昭和五十一年、広島県法然寺《ほうねんじ》の○○上人の教示により
托鉢行《たくはつぎょう》を始め、又インド仏跡の参拝をして
隆真老和尚自身の礎《いしずえ》を備《そな》う
四十有余年の来迎寺住職就任中には
日々のお勤め、年間行事はもちろんのこと
五重相伝会《ごじゅうそうでんえ》の開筵《かいえん》を三度
庫裏《くり》の竣工、別時念仏会《べつじねんぶつえ》等を行い
檀信徒の教化《きょうけ》に尽力する
平成二十五年、今日までの数々の労が報われる

開筵→83ページ

別時念仏＝道場や期間を定めて、その間ひたすら称名念仏行にはげむこと。「別時」、「別時会」などともいう。

教化＝衆生を教え導き、利益すること。

住職と檀信徒の念願であった本堂が落慶《らっけい》
慶《よろこ》びも束の間、平成二十九年になって体調を崩し
病院にて検査を受け、最後通告を受ける
然《しか》れども自らの遷化《せんげ》を快く受け止め
心転倒《てんどう》せず、心錯乱せず
この世の最期を家族親戚とゆるりゆるりと過ごす

寂滅為楽《じゃくめついらく》の體《からだ》什麼生《そもさん》
於戯《ああ》虚無《うつろなし》の身、無極《きわまりなし》の體を受け
微妙快楽《びみょうけらく》の歓《よろこ》びを得、豈《あに》楽しからずや
剰《あまつさ》え吉水《よしみず》口称《くしょう》の一行《いちぎょう》を専《もっぱ》らにして
自らの行《ぎょう》多年已《すで》に久し

落慶＝寺社などの新築、また修理の完成を祝うこと。

寂滅為楽＝迷いの世界から離れた、心安らかな悟りの境地が、楽しいものであるということ。

什麼生＝いかに。さあどうだ。

虚無＝むなしいこと。空虚。

無極＝果てがないこと。限りのないこと。

剰え＝そのうえに。おまけに。

吉水＝法然が比叡山を下り

娑婆《しゃば》の化縁《けえん》此処《ここ》に尽きて西刹《せいさつ》の故郷《ふるさと》に還《かえ》る
豈悦《よろこ》ばしからずや
送行《そうあん》の語に曰《いわ》く
提《ひっさぐ》る我得《われえ》具足《ぐそく》の一太刀《ひとつだち》
今此時《このとき》ぞ天に抛《なげう》つ
令声不絶具足十念称
南無阿弥陀仏

て、西山広谷《にしやまひろだに》を経て草庵を結んだ地。

化縁＝教化の因縁。仏・菩薩が衆生を教え導く因縁のこと。

西刹＝西方の、阿弥陀仏の極楽浄土。

提る我得具足の一太刀～：千利休が自刃するに際し、天正十九年（一五九一）二月二十五日にしたためた辞世の偈《げ》の後半部分。

人生七十　力囲希咄
吾這宝剱　祖仏共殺
提ル我得具足の一太刀
今此時そ天に抛つ

七月

小暑・大暑【しょうしょ・たいしょ】

温風至《あつかぜいたる》（温風が吹いて蒸し暑い日が増えてくる。）

蓮始開《はすはじめてひらく》（池の水面に蓮の花が開き始める。）

桐始結花《きりはじめてはなをむすぶ》（春に開花した桐の花が、大暑に入り実を結ぶ頃。）

以文会友《いぶんかいゆう》（文を以《もっ》て友を会す。学問を通じて仲間を集めること。）

流蛍撲風《りゅうけいぼくふう》（闇を飛ぶ蛍の光と蛍狩りの光景。）

雨洗緑荷《あめりょくかをあらう》（雨が緑の蓮の葉を洗う。）

星月皎潔《せいげつこうけつ》　明河在天《みょうがざいてん》（星月皎潔にして、明河天に在り。白く清らかな星月夜で、天《あま》の川《がわ》がくっきり浮かんでいる。）

憑高眺遠《たかきによりとおきをながむ》（高い所にいて、遠方を望む。）

林蘿秘邃《りんらひすい》（林の中は女蘿《さるおがせ》が茂ってひそかに奥深い。）

心動帰止《しんどうきし》（心の活動を止めようとしても、心は絶えず動くものだ。）

楽亦在其中《らくまたそのなかにあり》（楽しいことは夢中になっていることの中にある。）

平成三十年七月〇日寂
享年六十九歳

引導下炬《いんどうあこ》

故に其の疾《はや》きこと風の如く
其の徐《しず》かなること林の如く
侵掠《しんりゃく》すること火の如く
知り難きこと陰《かげ》の如く
動かざること山の如く
動くこと雷霆《らいてい》の如し

故に其の疾きこと風の如く～：故人を「風林火山」にたとえて引導を作る。

雷霆＝雷が轟くこと。「雷霆万鈞《ばんきん》」は、他の比ではないほどの激しい勢いや力のたとえ。ここで「鈞」は重さの単位。「万鈞」は非常に重いこと。

人の生命《いのち》の長き短き、人生一生涯の広き狭きは
人の本性、本来の姿に起因せず
入念に時をかけて全うする者もあり
刹那《せつな》の間に全てを成し終える者もあり
ただ望むらくは心平静であり、心純粋であり
我々の真《まこと》の本性を阿弥陀如来《あみだにょらい》の眼前に隠すことなく
ありのままを呈することを望む

今ここに浄土に旅立つ者あり
仮の世の名〇〇〇〇こと送る戒名《かいみょう》を
龍《りゅう》 雲《うん》 春《しゅん》 山信士《ざんしんじ》と号す
諦聴《たいちょう》せよ　思念せよ

龍雲春山信士：名前、性別、
逝去日から「春山」を連想

霊位《れいい》は昭和二十四年三月二十四日
父○○○○殿、母○○様より
水口町《みなくち》○○にて受け難き人身《じんしん》を受く
父、母、兄弟に恵まれ
寡黙な父に静かに眺め入られ
優しき母に育《はぐく》まれ
楽しき兄弟姉妹に囲まれて
戦後の厳しき時代に薫陶《くんとう》される
長じて、○○○○の職に就き一徹に全うする
昭和四十九年四月二十九日
縁《えにし》整いて○○様と二世《にせ》の契《ちぎ》りを結ぶ

し、「春山」を離れて見た情景から、如来のお迎えの「雲」、父親像を拝察し「龍」の字を集字した。

薫陶→82ページ

三人の子宝に恵まれ立派に養育する
仕事から離れては車に触れ
また新たな景色を求め意の向くまま旅に出掛ける
住家《すみか》においては日曜大工に精を出し
我が子たちに○○家の家長の背中をさりげなく見せる
父の姿とは……
身内に事あれば早きこと風の如く
世相に馴染《なじ》むとなれば静かなること林の如く
いざ仕事となれば働くこと火の如く
家族を見守るとあれば陰の如し
心を定めれば動かざること山の如し
子を育てるとなれば動くこと雷霆の如し

良き夫、頑固一徹な父であれど
然《しか》るに惜しくも
一度《ひとたび》病を得るや医薬も遂に功を奏せず
近親の心からの看護も遂に及ばず
なつかしき家族と別れ、血縁の兄、親しき知人と離れ
無常の風の荒れすさむままに
朝顔の花を閉じるが如く忽然《こつねん》として一生涯を閉じる
惜しむべし、悲しむべし

経《きょう》に曰《いわ》く、一念大利《だいり》無上功徳《くどく》と
如何《いか》に況《いわん》や、平生《へいぜい》多念称　名《しょうみょう》の行者
豈不取正覚《あにふしゅしょうがく》の本誓《ほんぜい》に漏《も》るべき

一念大利無上功徳＝一念乃至一生涯の念仏によって得る大利益が、無上の功徳であるということ。

不取正覚＝正覚を取らじ。正しい覚りを得ないこと。

豈不取正覚の本誓に漏るべき：どうして菩薩が、自ら立てた誓願が成就するまで完全なる覚りの境地に入らないことから漏れるであろうか。漏れるはずがない。

請《こ》う見よ釈迦《しゃか》は行けと勧め
弥陀《みだ》は来たれと呼び給《たも》ふ
二尊の遣迎《けんごう》に従って速《すみ》やかに往詣《おうげ》せよ
餞別《せんべつ》の一句

龍が来たりて紫雲を呼び
春山あたかも須弥山《しゅみせん》の如し
令　声不絶具足十念称《りょうしょうふぜつぐそくじゅうねんしょう》
南無阿弥陀仏《なむあみだぶつ》

二尊＝釈迦牟尼仏《しゃかむにぶつ》と阿弥陀仏のこと。善導《ぜんどう》の『観経疏《かんぎょうしょ》』玄義分には、「今、二尊の教に乗じて、広く浄土の門を開かん」とある。

往詣→118ページ

紫雲＝念仏行者が臨終のとき、仏が乗って来迎する雲。

須弥山＝古代インドの世界観の中で中心にそびえる聖なる山であり、この世界軸としての聖山は、バラモン教、仏教、ジャイナ教、ヒンドゥー教にも共有されている。

引導下炬

○○○○○○○　○○○○○○○

○○○○○○○　○○○○○○○

いわゆる世界は十方《じっぽう》皆仏《ほとけ》の世界なり
仏は森羅万象《しんらばんしょう》の慈父《じふ》たり、一切生命《せいめい》の慈母《じぼ》たり
仏は宇宙世界に新しい生命を創造する根源たり
我ら一切衆生《しゅじょう》は
始め無く、終わり無くの仏の大生命より生み出されたる
限りある小さな生命たり

平成二十六年七月○日寂
享年八十四歳

今ここに浄土に旅立つ者あり
仮の世の名○○○○こと送る戒名《かいみょう》を
専誉《せんにょ》浄岳《じょうがく》佳《け》圓禅《おんぜん》定門《じょうもん》と号す
諦聴《たいちょう》せよ　思念せよ

佳圓禅定門は昭和四年十二月二十三日
父○○○○殿、母○○様より
十一人兄弟の七男として受け難き人身《じんしん》を受く
多くの兄らは過去の大戦で他界
よって七男でありながら○○家の家督を継承する
昭和三十年、縁ありて○○様と二世《にせ》の契《ちぎ》りを結ぶ

一男二女の子宝に恵まれ
先祖代々の田畑を守りながら会社にも勤める
昭和五十八年、五重相伝《ごじゅうそうでん》の会座《えざ》に連なり
念仏の奥義《おうぎ》を修める
几帳面《きちょうめん》できれい好き
気が優しく、言いたいことを言えず
お酒で気を紛らわすこともしばしば
晩年肺がんで手術を受けるも
順調に回復していたその矢先
不慮の事故に遭いこの世を去る

一塊の土、山を高くし

一滴の水、よく湖を深くす
我らの一心清ければ直《じか》に仏道に通じ
我らの一念正しければ直に仏心を現す
当《まさ》に知るべし我ら一切衆生は悉《ことごと》く如来《にょらい》の子たり
当に知るべし世の一切万物は悉く如来の血たり
己《おのれ》が身も心もうち忘れて
ひたすらに仏の境涯にひたり入りて
仏の道に随《したが》いゆくとき
ことさらに己が力を用いずとも
自ら生死の悩みをはなれて汚れなき仏の世界に入《はい》る
極楽遠からず十万億刹《じゅうまんのくせつ》の西に構え
弥陀己身《みだごしん》に在りて一座華台《けだい》の形を現す

境涯＝人がこの世に生きてゆく上での立場。境遇。身の上。

十万億刹＝刹は国土のこと。十万億の国土の彼方《かなた》。

己身＝自分のからだ。

一座華台＝仏が独り蓮の花の上に座っている姿。

大慈大悲→67ページ

汝《なんじ》一心正念《しょうねん》にして行《ゆ》け
一句を誦《じゅ》して其の行《あん》に餞《はなむけ》とせん

仏の大慈大悲《だいじだいひ》は広大にして
限りなく果てしなし
如来の徳の相《すがた》は
十方世界に明らかに光り輝く

令声不絶具足十念称
南無阿弥陀仏

八月　立秋・処暑【りっしゅう・しょしょ】

涼風《すずかぜ》至《いたる》（涼しい風が吹き始める。）
寒蟬《ひぐらし》鳴《なく》（カナカナカナと、ひぐらしが甲高く鳴く頃。）
蒙霧《ふかききり》升降《まとう》（深い霧がまとわりつくように立ち込める。）
鉄心石腸《てっしんせきちょう》（鉄や石のように固く強い心と、意志のこと。）
樹陰読書《じゅいんでしょをよむ》（夏、涼しい木陰を選んで静かに書を読む。）
賀扇動清風《がせんせいふうをうごかす》（扇を使えば、清風が吹き満ちる。）
道法自然《どうほうしぜん》（人の歩むべきは自然の法則に従うべきである。）
樹木方盛《じゅもくまさにさかんなり》（夏になり、樹木が茂っている。）
白雲無根《はくうんねなし》（無心に去来して、跡をとどめない。）
遊雲驚龍《ゆううんきょうりゅう》（空に飛ぶ雲と躍り上がる龍。能書の形容。）
虚室生白《きょしつしょうはく》（がらんとした部屋に日光が射し込んで、自然に明るくなる。人間も、心を空にして何ものにもとらわれずにいれば、おのずと真理・真相がわかってくるという思想。）

引導《いんどう》下炬《あこ》

〇〇〇〇〇〇〇　〇〇〇〇〇〇〇
〇〇〇〇〇〇〇　〇〇〇〇〇〇〇

《白頭を悲しむ翁《おきな》に代わる　劉希夷《りゅうきい》》
洛陽《らくよう》城東《じょうとう》　桃李《とうり》の花
飛び来たり飛び去って誰《た》が家にか落つ

平成二十七年八月〇日寂
享年百四歳

白頭を悲しむ翁に代わる：
《代悲白頭翁　劉希夷》
洛陽城東桃李花
飛來飛去落誰家
洛陽女兒惜顔色
行逢落花長歎息
今年花落顔色改
明年花開復誰在

洛陽の女児《じょじ》顔色《がんしょく》を惜しみ
行《ゆ》くゆく落花《らっか》に逢いて長歎息《ちょうたんそく》す
今年《こんねん》花落ちて顔色改まり
明　年《みょうねん》花開いて復《ま》た誰《だれ》か在る
已《すで》に見る松柏《しょうはく》の摧《くだ》かれて薪《たきぎ》と為《な》るを
更に聞く桑田《そうでん》の変じて海と成るを
古人復《ま》た洛城《らくじょう》の東に無く
今人《こんじん》還《ま》た対す落花の風

今ここに浄土に旅立つ者あり
仮の世の名〇〇〇〇こと送る戒名《かいみょう》を
良誉賢室《りょうよけんしつ》花《か》心禅定《しんぜんじょう》尼《に》と号す

已見松柏摧爲薪
更聞桑田變成海
古人無復洛城東
今人還對落花風

〈現代語訳〉

洛陽の町の東では桃や李《すもも》の花が舞い散り、／飛んできて去ってゆき、誰かの家に落ちるのだろう。／洛陽の娘たちはその容貌の衰えていくのを嘆き、／花びらがひらひらと落ちるのに出会うと、長い溜息をつくのだ。／今年も花が散って、娘たちの美しさは衰える。／来年花が開くころには誰が元気でいるだろう。／私はかつて見たのだ、松やコノテ

諦聴《たいちょう》せよ　思念せよ

禅定尼は明治四十三年十二月八日
父〇〇〇〇殿、母〇〇様の次女としてこの世に生を享《う》く
東京大妻女子大学にて学を修め
地元の小学校にて教員として働く
昭和十年十二月
縁あって〇〇殿と二世《にせ》の契《ちぎ》りを結ぶ
而《しこう》して一男一女の子宝に恵まれるも
頼りの夫を戦地へ送る
祈れども、願えども、念ずれども、望みかなわず
夫は日本国に命を捧げる

ガシワの木が砕かれて薪とされるのを。／また聞いたのだ、桑畑の地が変わって海となったのを。／昔、洛陽の東の郊外で梅を見ていた人々の姿は今はもう無く、／それに代わって今の人たちが、花を吹き散らす風に吹かれている。

而して→54ページ

《代悲白頭翁　劉希夷》
年年歳歳花相似
歳歳年年人不同
寄言全盛紅顏子
應憐半死白頭翁
此翁白頭眞可憐

子供らを養うために婦人でありながら
土木業、朝宮茶《あさみやちゃ》生産の仕事に就く
八十歳を過ぎ、怪我により入院を余儀なくされる
漸《ようや》く百四歳となり、阿弥陀如来《あみだにょらい》に迎えられる
禅定尼百有余年の春秋は夢と流れて
その長年月《ちょうねんげつ》一生の諸事万端《しょじばんたん》は去って跡なし

年年歳歳《ねんねんさいさい》花相《あい》似たり
歳歳年年人同じからず
言《げん》を寄《よ》す全盛の紅顔子《こうがんし》
応《まさ》に憐れむべし半死の白頭翁《はくとうおう》
此翁《このおう》白頭真《まさ》に憐れむべし

伊昔紅顔美少年
公子王孫芳樹下
清歌妙舞落花前
光祿池臺開錦繡
將軍樓閣畫神仙
一朝臥病無人識
三春行樂在誰邊
宛轉蛾眉能幾時
須臾鶴髮亂如絲
但看古來歌舞地
惟有黄昏鳥雀悲

〈現代語訳〉

来る年も来る年も花は変わらぬ姿で咲くが、／年ごとにそれを見ている人間は移り変わる。／お聞きなさい、今を盛りのお若い方々。／よぼよぼの白髪の老人の姿、

伊《こ》れ昔紅顔の美少年
公子《こうし》王孫《おうそん》芳樹《ほうじゅ》の下《もと》
清歌《せいか》妙舞《みょうぶ》す落花の前
光禄《こうろく》の池台《ちだい》錦繍《きんしゅう》を開き
将軍の楼閣神仙を画《えが》く
一朝《いっちょう》病に臥して相識《そうしき》無く
三春の行楽誰《た》が辺《ほと》りにか在る
宛転《えんてん》蛾眉《がび》能く幾時ぞ
須臾《しゅゆ》にして鶴髪《かくはつ》乱れて糸の如し
但《た》だ看《み》る古来歌舞《かぶ》の地
惟《ただ》黄昏《こうこん》鳥雀《ちょうじゃく》の悲しむ有るのみ

実に憐れむべきものだ。／この老人の白髪頭、まったく憐れむべきものだ。／だがこの老人も、昔はあなた方と同じく紅顔の美少年だったのだよ。／貴公子たちと共に花の咲く木のもと、／花の散る中、清らかな歌を歌い、見事な舞を舞ったりもした。／漢の光禄が自分の庭の池に高楼を築き、錦や縫い取りのある布を幕としたように、／後漢の将軍梁冀が権勢を極め、自宅の楼閣に神仙の絵を描かせたように、そんな贅沢もしたものだが、／ある日病に臥してからというもの、友

今や別れに臨《のぞ》み一句を以《もっ》て餞《はなむけ》とせん
年年歳歳花相似たり
歳歳年年人同じからず
生と死のさまよいは
これ真実《まこと》人生の姿たり

令《りょう》声《しょう》不《ふ》絶《ぜつ》具《ぐ》足《そく》十《じゅう》念《ねん》称《しょう》
南《な》無《む》阿《あ》弥《み》陀《だ》仏《ぶつ》

引導下炬

達は皆去って行った。／春の行楽は誰のもとへ行ってしまったのだろう。／美しい眉を引いた娘もどれだけその美しさが続くだろう。／たちまち白髪頭となり、その髪が糸のように乱れるのだ。／見よ、昔から歌や舞でにぎわっていた遊興の地を。／今はただ、黄昏時に小鳥が悲しげにさえずっているだけだ。

須臾→48ページ

平成三十年八月〇日寂
享年八十七歳

○○○○○○○　○○○○○○○
○○○○○○○　○○○○○○○

《納涼　秦観《しんかん》》
杖を携え来たり追ふ柳外《りゅうがい》の涼
画橋南畔胡牀《がきょうなんはんこしょう》に倚《よ》る
月明らかにして船笛参差《せんてきしんし》として起こり
風定まりて池の蓮《はす》自在に香《かぐわ》し

今ここに浄土に旅立つ者あり
仮の世の名○○○○送る戒名《かいみょう》を
法誉真慶万寿禅定尼《ほうよしんけいまんじゅぜんじょうに》と号す

《納涼　秦観》
携杖来追柳外涼
画橋南畔倚胡牀
月明船笛参差起
風定池蓮自在香

〈現代語訳〉
杖を頼りに涼を求めて、柳並木の向こう側、／南のほとりの彫刻された欄干、長椅子にもたれて休む。／月には月明かりが美しく映り、船の汽笛がそれぞれ鳴り響く。／池の蓮はそれぞれ芳しく、風止まりても周り涼やかなり。

参差＝互いに入りまじるさ

諦聴《たいちょう》せよ　思念せよ

法誉禅定尼は昭和六年九月二十七日
父〇〇〇〇殿、母〇〇様よりこの世に生を享《う》く
昭和十三年、京都府立聾《ろう》学校に入学
昭和四十一年、
縁ありて〇〇〇〇殿と二世《にせ》の契《ちぎ》りを結ぶ
後に株式会社〇〇〇にて定年まで勤続する
控え目とはいえ夫婦仲睦まじく暮らす
家庭泰然自若《たいぜんじじゃく》として人生粛然悠然《しゅくぜんゆうぜん》と思えど
平成九年十二月、卒爾《そつじ》
頼りの夫〇〇殿を忽然《こつねん》として浄土に送る

ま。また、高低・長短などがあって不揃いなさま。

泰然自若＝何事にも動じず、落ち着いた様子のこと。

粛然＝何の物音も聞こえず、静かなさま。

悲しみを乗り越え
親戚をはじめ周囲の人々に励まされ
ゆく川の流れの如く生かされるとはいえ
生まれつきの不自由さに苦しみながらも
周りから疎《うと》まれることなく独りでも強く日々過ごす
平成十七年、高岸寺《こうがんじ》にて五重相伝《ごじゅうそうでん》の会座《えざ》に連なり
浄土宗の奥義《おうぎ》を身の内に留め
阿弥陀仏《あみだぶつ》の懐中《ふところ》の暖かさを肌を通じて知る
然《しか》れども八十歳を過ぎし頃から体調ままならなくなり
介護老人保健施設○○にて余生を送る
而《しこう》して平成三十年八月○日、一生の終焉《しゅうえん》を受ける時
拠《よ》り所であった○○殿のお迎えを信じつつ

悠然＝落ち着いていて、少しもあわてないさま。
率爾＝にわかなこと。また、そのさま。だしぬけ。突然。

而して→54ページ

極楽浄土に誘《いざな》われる

仰ぎ惟《おもん》んみれば
釈迦《しゃか》は三界《さんがい》の慈父《じふ》となって此処《ここ》に遣《や》り
弥陀《みだ》は四生《ししょう》の悲母《ひぼ》となって彼《か》に呼ぶ
二尊の指示に従って本国に還《かえ》れ
還郷《げんきょう》の端的《たんてき》一句を餞《はなむけ》とせん

阿弥陀如来の力を頼りに
今、浄土の念仏を諦《つまび》らかに聴く

令声不絶具足十念称

四生＝有情の四種類の生まれ方。すなわち卵生・胎生・湿生・化生を指す。
二尊↓180ページ
還郷↓48ページ

南無阿弥陀仏

引導下炬

○○○○○○○　○○○○○○○
○○○○○○○　○○○○○○○

《夏日《かじつ》悟空《ごくう》上人《しょうにん》の院に題するの詩《し》　杜荀鶴《とじゅんかく》》
三伏門《さんぷくもん》を閉ざして一衲《いちのう》を披《はお》り
兼ねて松竹《しょうちく》の房廊《ぼうろう》に蔭《おお》う無し
安禅《あんぜん》必ずしも山水を須《もち》いず

平成二十九年八月○日寂
享年八十四歳

夏日悟空上人の院に～：
《夏日題悟空上人院詩　杜荀鶴》
三伏閉門披一衲
兼無松竹蔭房廊

心頭を滅却すれば火も亦《また》涼し
朝《あした》を迎えれば明るい陽《ひ》が高く登る
陽の光は容赦なく大地に降り注ぎ
広く深く恵みある大地を焦《こ》がす
人の肌を焼き、力を奪い
知らず知らずのうちに命を梳《くしけず》る
然《しか》れども陽の光は緑を育て穀物を育《はぐく》む
仏の慈悲の光は至る処に普《あまね》く行《ゆ》き渡る
無念無想の境地に達すれば火も亦《また》涼し

今ここに浄土に旅立つ者あり
仮の世の名○○○○こと送る戒名《かいみょう》を

安禅不必須山水
滅却心頭火亦涼
〈現代語訳〉
炎暑三伏の候に寺門を閉ざして、きちんと僧衣を着る。／この寺には、部屋や廊下を覆う松や竹もない。／安らかに座禅を組むには、必ずしも山水の地を必要としない。／無念無想の境地に達すれば、火もまた涼しく感じるものだ。

浄誉明窓奠香禅定尼《じょうよみょうそうてんこうぜんじょうに》と号す
諦聴《たいちょう》せよ　思念せよ

奠香禅定尼は昭和八年七月十九日
父○○○○殿、母○○様より受け難き人身《じんしん》を受く
長じて、縁あって○○○○様と二世《にせ》の契《ちぎ》りを結ぶ
二男の子宝に恵まれ、立派に薫陶《くんとう》す
三十余年前、信楽《しがらき》町杉山《すぎやま》を安住の地と定め
この地の人々とよく世間に交じる
奠香禅定尼は世にあること八十有余年の長き年月
世相に従って水の流れのそれの如く
坦々《たんたん》として人生の流れに順ずると雖《いえど》も

浄誉明窓奠香禅定尼：朝にお仏壇に向かう姿勢を戒名にした。
浄誉→清らかに
明窓→朝が来て窓を開ける様子。主婦、母としての仕事。
奠香→香を奠ずる
薫陶→82ページ

時に雨有り風有り
然れどもよく家を守り家政を整え祖先を尊び
信を以《もっ》て人に接す
平成十七年、高岸寺《こうがんじ》の五重相伝《ごじゅうそうでん》の会座《えざ》に連なり
先立ちし夫の贈《おくり》五重《ごじゅう》を全うし
念仏の奥義を白骨《びゃっこつ》に刻む
又膝下《しっか》によき孫を得
和気藹々《わきあいあい》として悠々自適《ゆうゆうじてき》するも
今夏《こんか》の猛暑、肺の病、体力の衰えから
七月〇日に入院する
家族の至れりつくす温かき看護を受けつつ
法悦《ほうえつ》にむせび乍《なが》ら安楽場《あんらくじょう》に入《い》る

諸仏諸菩薩《しょぶつしょぼさつ》一大事因縁《いんねん》の故を以て世に出現し
人を安んじ世を救い我ら諸人《もろびと》をして
仏の蓮華台《れんげだい》上に導き給う
この故に我ら仏に従って
心浄《きよ》らかに真実《まこと》の信心を打ち出せば
迷いの雲おさまり尽きて満月新たに明らかなり

今や別れに臨《のぞ》み一句を以て餞《はなむけ》とせん
世間の法に染《そ》まざること
蓮華の水に在るが如し

世間の法に染まざること～
…故人の信心を堅牢に守ってこられたことを最後の一句に盛り込む。

令声不絶具足十念称
南無阿弥陀仏

九月　白露・秋分【はくろ・しゅうぶん】

草露白《くさのつゆしろし》（早朝草に降りた露が陽の光を浴び、白く光って見える。）

玄鳥去《つばめさる》（春にやってきたツバメが、暖かい南の地域へ向かう頃。）

雷乃収声《かみなりすなわちこえをおさむ》（力強く湧く入道雲は消え、夕立時に鳴り響く雷も収まる頃。）

大象《たいしょう》無形《むけい》（大きな現象は形を認識することはない。）

大器《たいき》晩成《ばんせい》（大人物は遅れて頭角を現すということ。）

風清引神《かぜきよくかみをひく》（風が涼しくて心を良い所に導く。）

雲浄天高《うんじょうてんこう》（秋空高くに白い雲がある。）

赫風灼宇《かくふううをやく》（夏の熱風が家を焼いている。うだるような暑さの形容。）

登山臨水《やまにのぼりみずにのぞむ》（山に遊び見はらして目を楽しませ、水に俯しては情をよろこばす。）

避暑高楼《しょをこうろうにさく》（夏の暑気を高く造った建物にてよける。）

詞鋒筆海《しほうひっかい》（ことばのほこさきに、筆の海。文場にて詞賦をたたかわす。）

心逸忘事理《こころいつにじりをわする》（心をほしいままに逸脱していると、物事の理を忘れてしまう。）
菊芳蘭秀《きくかんばしくらんひいでる》（菊の花は芳しく香り、蘭の花は美しく咲く。）

平成二十五年九月〇日寂
享年八十三歳

引導《いんどう》下炬《あこ》

人身《じんしん》受け難し今すでに受く
仏法《ぶっぽう》聴き難し今すでに聴く
この身今生《こんじょう》において度《ど》せずんば
更《さら》にいずれの生《しょう》においてかこの身を度せん
大衆もろともに
至心《ししん》に三宝《さんぼう》に帰依《きえ》し奉《たてまつ》るべし

人身受け難し～↓74ページ

それ朝《あした》に開くる栄華は夕《ゆうべ》の風に散り易く
夕《ゆうべ》に結ぶ命露《めいろ》は朝《あした》の日に消え易し
これを知らずして常に栄えんことを思い
これを暁《さと》らずして久しくあらんことを思う
然《しか》る間《ま》無常の風一度《ひとたび》吹きて
有為《うい》の露《つゆ》長く消えぬれば
これを慌野《こうや》に棄て、これを遠き山に送る
骸《しかばね》は遂に苔《こけ》の下に埋もれ、魂《たましい》は独り旅の空に迷う
嗚呼《ああ》悲しい哉《かな》

ここに新蓮華生《しんれんげしょう》故○○○○の霊送る戒名《かいみょう》を

有為→142ページ

弘誓稀有《ぐぜいけう》禅定門《ぜんじょうもん》と号す
諦聴《たいちょう》せよ　思念せよ

昭和六年正月、福岡にて生まれ難き人界《にんかい》に生まれ
縁ありて○○様と二世《にせ》の契《ちぎ》りを結ぶ
二人の子宝に恵まれ
世の習いに従い厳しく養育する
又信楽焼《しがらきやき》陶器製造の仕事に就き立派に務める
退職後は趣味の魚釣りを活かし
近隣の方々とよく交わる
齢《よわい》八十歳ごろから以前の猛々《たけだけ》しい姿が消え
今日までの永き人生と向かい合う

汝《なんじ》今多生曠劫《たしょうこうごう》を経て
漸《よ》う漸うと逢ひ難き仏教に値《あ》へり
このたび出離《しゅつり》の直道《じきどう》に赴《おもむ》かずんば
いずれの時にか菩提《ぼだい》の正路《しょうろ》に向かうべき
然《しか》るに何の幸いぞ
今釈迦牟尼佛《しゃかむにぶつ》末法《まっぽう》の遺跡《ゆいせき》たる弥陀《みだ》の本誓願《ほんぜいがん》
極楽の要門《ようもん》に会へり
弥陀の願力を強縁《ごうえん》とするが故に
有智無智《うちむち》を論ぜず、持戒破戒《じかいはかい》を簡《と》ばず
無漏無生《むろむしょう》の国に生まれて永く不退《ふたい》を証することを得《う》
請《こ》う見よ釈迦は行《ゆ》けと勧め

多生曠劫→144ページ
漸う漸う→ようやく
出離→144ページ
直道→144ページ
末法→144ページ
本誓願→145ページ
有智無智→145ページ
簡ばず→145ページ
無漏無生の国→145ページ

弥陀は来たれと喚《よ》び給う
往詣楽邦《おうげらくほう》の門出《かどいで》に一句を以《もっ》て餞別《せんべつ》とせん
光明遍照《こうみょうへんじょう》　十方世界《じっぽうせかい》　念仏衆生《ねんぶつしゅじょう》　摂取不捨《せっしゅふしゃ》
令　声不絶具足十念称《りょうしょうふぜつぐそくじゅうねんしょう》
南無阿弥陀仏《なむあみだぶつ》

引導下炬

平成二十五年九月〇日寂
享年六十六歳

往詣楽邦↓43ページ

○○○○○○○　○○○○○○
○○○○○○○　○○○○○○

秋　風《しゅうふう》起りて白雲飛び　草木黄落《そうもくおうらく》して雁《かり》南に帰る
蘭に秀《はな》有り菊に芳《かお》り有り　佳人《かじん》を懐《なつかし》うて忘るる能《あた》わず
楼船《ろうせん》を汎《うか》べて汾河《ふんが》を済《わた》り　中流に横たわり素波《そは》を揚ぐ
簫鼓《しょうこ》鳴りて棹歌《とうか》を発す　歓楽極まりて哀情《あいじょう》多し
少壮幾時ぞ老《おい》を奈何《いかん》せん

人の命の儚《はかな》きこと　山の水よりも過ぎたり
人の心の移り変わること　空に浮かぶ雲よりも過ぎたり
老若は不定なり　歳月は年齢《とし》を待たず

秋風起りて白雲飛び～：
《秋風辞　漢 武帝》
秋風起兮白雲飛
草木黄落兮雁南帰
蘭有秀兮菊有芳
懐佳人兮不能忘
汎楼船兮済汾河
横中流兮揚素波
簫鼓鳴兮発棹歌
歓楽極兮哀情多
少壮幾時兮奈老何
〈現代語訳〉
秋風が吹き起ち、白い雲は飛び、／草木の葉は黄ばみ落ち、雁は南に渡って行く。

出《い》ずる息は還《かえ》らず　落つる花再び木に上らず
水は流れて留まることなく　盛んなる火は久しく燃えず
日出ずるも暫《しば》しにて没し　月も満つれば又欠くる
遭い難くして失い易きは人の身たり
失い易き命なるが故に之にとらわれず
我欲《われよく》を捨てて迷いを離れ　以《もっ》て仏道に入《はい》る
これ諸仏の教えなり

今ここに浄土に旅立つ者あり
仮の世の名○○○○こと送る戒名《かいみょう》を
蓮誉遠香浄潔禅定門《れんにょえんこうじょうけつぜんじょうもん》と号す
諦聴《たいちょう》せよ　思念せよ

／蘭には花が咲き、菊は香りを発している。／このような良い家来(佳人)を得たいという思いは胸を離れることがない。／屋形船を仕立てて汾河を渡り、／流れに横たわっては白波をかきたてる。／簫や太鼓は鳴り、舟歌は響き始める。／この喜びが極まった時、ふともの悲しい気持ちになる。／若く元気な時はどのくらいあろうか、年老いることをどうしたら良かろうか……と。

浄潔禅定門は昭和二十二年九月八日
父○○○○殿、母○○○様の長男としてこの世に生を受く
学を修め、○○○○株式会社、○○○○に勤め
昭和五十二年、○○○様と二世《にせ》の契《ちぎ》りを結ぶ
一男三女の子宝に恵まれ
喜びを分かち合いながら
ＰＴＡの役員を立派に務め
昼夜を問わず地域に貢献する
平成十七年、五重相伝《ごじゅうそうでん》の会座《えざ》に連なり
浄土宗の奥義《おうぎ》を修めんがために真摯に身を投じる
而《しこう》して、何十年かの星霜《せいそう》を経て

而して↓54ページ

長年の肉体労働の誘因により
両足の股関節の大手術となるも
浄潔禅定門生まれもっての労を苦にせぬ気質で克服し
農業や仕事に奮闘する
また、昨今は四人のお孫さんに囲まれ
微笑を絶やさず過ごす一面
高岸寺《こうがんじ》総代長、交通安全協会、○○○○講の一員として
課せられた役目を堂々と果たす
とはいえ、一夜過ぎれば命もまた従って滅《めっ》す
無常の風は時をきらわず
荒れすさむ生滅《しょうめつ》の因縁《いんねん》に忽《たちま》ち一命を失う

然《しか》れどもかくの如くなりと雖《いえど》も
仏性《ぶっしょう》は来たるに非《あら》ず　又去るに非ず
仏法《ぶっぽう》は常に十方《じっぽう》にあまねくして不変なり
黄泉《よみ》の国は遠きに非ず　来世は近きにあり
極楽は脚下《きゃっか》にあり
我ら心を空《むな》しゅうして
唯《ただ》感謝報恩の礼拝《らいはい》あるのみ
我ら身を空しゅうして
唯仏法僧《ぶっぽうそう》の三宝《さんぼう》を敬い奉《たてまつ》るべし
往詣楽邦《おうげらくほう》の門出《かどいで》に一句を以て餞別《せんべつ》とせん

仏性→42ページ
三宝を敬う→43ページ
往詣楽邦→43ページ

限りある身は滅して
無窮無辺《むきゅうむへん》の仏性に還り
不朽不滅の仏心に入《はい》る

令声不絶具足十念称
南無阿弥陀仏

引導下炬

○○○○○○○　○○○○○○○
○○○○○○○　○○○○○○○

無窮無辺→43ページ
不朽不滅→43ページ

平成二十五年九月○日寂
享年八十二歳

《暮に立つ　白居易《はくきょい》》
黄昏《こうこん》に独り立つ　仏堂の前
地に満つる槐花《かいか》　樹《き》に満つる蟬《せみ》
大抵四時《たていしじ》　心総《す》べて苦しけれど
就中腸《なかんずくはらわた》の断たれるは　是《こ》れ秋天

秋の空天高く　透き通る青
気は爽《さわ》やかに心地よく　我々を優しく包む
虫は夜毎夜毎に　清らかな妙音をかなでる
朝な夕な極楽を見い出し　浄土を想う
秋を求めて外に出《い》で　追い求めるも特になし

《暮立　白居易》
黄昏独立仏堂前
満地槐花満樹蟬
大抵四時心総苦
就中腸断是秋天
〈現代語訳〉
黄昏にひとり、仏堂の前に立てば、／地面を覆う槐花と樹に満ちる蟬の声。／そもそも四季は、それぞれみな心を悲しませるものだが、／その中でもとりわけ腸《はらわた》のちぎれるような想いのするのは、秋だ。
独り立つ仏堂の前：他界して霊が菩提寺の本堂の前に立つ様子として捉える。

我が家に戻りて　落ち葉の下に秋を見る
秋は遠きに非《あら》ず
我が家にあり　脚下《きゃっか》にあり
極楽浄土は遠きに非ず
道は近きにあり
行くところ黄金《おうごん》の道はなけれども
到る所に仏国土《ぶっこくど》が現る

今ここに浄土に旅立つ者あり
仮の世の名○○○○こと送る戒名《かいみょう》を
芳誉《ほうよ》薫室《くんしつ》菊有《きくう》禅定《ぜんじょう》尼《に》と号す
諦聴《たいちょう》せよ　思念せよ

槐花＝延寿《えんじゅ》のつぼみ。

菊有禅定尼は大正六年四月二十二日
父○○○○殿、母○○様の四女としてこの世に生を受く
一男七女の四女と雖《いえど》も
○○家の家督を守るため○○殿と二世《にせ》の契《ちぎ》りを結ぶ
昭和三十三年、五重相伝《ごじゅうそうでん》の会座《えざ》に連なり
念仏の奥義《おうぎ》を修める
二男一女、孫七人、ひ孫四人に恵まれる
とはいえ頼りの主《あるじ》の身体が不自由となり
介護をしながら農業に精進し
地元の会社にて六十五歳まで生真面目《きまじめ》に勤める
その後は孫の成長に微笑み

杉山《すぎやま》の自然に親しみ
培《つちか》ってきた野菜作りに精を出す
米寿を過ぎた頃より病を患い床に就くことになるも
九十有余年の永き人生を
耐え忍ぶことができた菊有禅定尼は
人の手を借りずとも歩くことができ
日々の生活を営む
人生の幕を閉じるまでこの杉山で過ごす

本日自宅にてご仏前に幾多の供物《くもつ》をはじめ
黄菊白菊その彩《いろどり》を競う生花を以《もっ》て飾られ
杉山にある森羅万象《しんらばんしょう》の仏様に見守られながら

浄土の阿弥陀如来《あみだにょらい》に今迎えられる
往詣楽邦《おうげらくほう》の門出《かどいで》に一句を以て餞別《せんべつ》とせん

言うことなかれ
山深く谷深くして人到るなしと
万木青山《まんぼくせいざん》これ仏の姿

令声不絶具足十念称
南無阿弥陀仏

往詣楽邦→43ページ

平成二十年九月〇日寂
享年米寿

引導下炬

〇〇〇〇〇〇　〇〇〇〇〇〇
〇〇〇〇〇〇　〇〇〇〇〇〇

夏の日差しも弱まり
陽《ひ》が隠れれば少し肌の締まるを覚える
空は高くなり息を深く吸い、空の青さを知る
よく実った稲は金色《こんじき》の光を放ち
人はその天地の実りをいただく
畔《あぜ》の緑がさえ、刈り終えた田の金色を際立たせる

袈裟《けさ》の相《そう》は田を表し、仏の教えを実りに例える

今ここに浄土に旅立つ者あり
仮の世の名○○○○こと送る戒名《かいみょう》を
証誉貞室妙操禅定尼《しょうよていしつみょうそうぜんじょうに》と号す
諦聴《たいちょう》せよ　思念せよ

禅定尼は大正十年九月一日
信楽《しがらき》町○○の○○家にて七人きょうだいの一人として
受け難き人身《じんしん》を受く
長じて、昭和十八年杉山《すぎやま》の○○○○殿と縁を結び
○○家に嫁《とつ》ぐ

袈裟の相は田を表し～‥袈裟の本旨は、粗末な端裂《はぎれ》をはぎ合わせた僧衣ということなので、その精神を形に示して数枚の裂をつないで作った一条をさらに数条ならべて縫った形をとる。その綴り合わせた相が恰も田畔《たぐろ》の如くなっているので「田相衣《でんそうえ》」ともいう。

五人の子宝に恵まれるも昭和二十年には
不幸にも長男を先に西方《さいほう》浄土に送る
よく家を守り
子供のためによく編み物をして家政を整える
昭和五十四年、五重相伝《ごじゅうそうでん》の会座《えざ》に連なり
念仏の奥義《おうぎ》を修める
平成十年二月に夫○○殿を浄土に送る
なつかしき家族とも遂に別れ
親しき親族知人とも遂に離れ
いとしくもこの世をついに去る
別れるものはかなし　離れるものはいたまし
去る者はいと寂しかるが故に

別れ離るること無き仏の境地に
去ることも無く来ることも無き如来《にょらい》の安らかな世界に
心を帰《き》するを要す

霊位《れいい》今より正しく看《み》よ
けがれなき清らかなる世界を
蓮《はす》は上品《じょうぼん》の花を開き
妙《たえ》なる音楽を奏で妙音《みょうおん》天地に響き
芳《かんば》しき香りは四方にあふれて大法雨《だいほうう》をそそぐ
極楽浄土はただこれのみ
霊位は仏法僧《ぶっぽうそう》の三宝《さんぼう》に帰依《きえ》して仏の世界に入《はい》り
如来の大慈大悲《だいじだいひ》の袖におおわるるを願うべし

法雨＝仏の慈悲が衆生をあまねく救うことを、雨が万物を潤すことにたとえた語。のりのあめ。

大慈大悲→67ページ

今や別れに臨《のぞ》み一句を以《もっ》て餞《はなむけ》とせん
阿《あ》弥《み》陀《だ》仏《ぶつ》と申すばかりをつとめにて
浄土の荘《しょう》厳《ごん》見るぞうれしき
令声不絶具足十念称
南無阿弥陀仏

引導下炬

平成二十五年九月〇日寂
享年五十五歳

人身《じんしん》受け難し今すでに受く
仏法《ぶっぽう》聴き難し今すでに聴く
この身今生《こんじょう》においてか度《ど》せずんば
更《さら》にいずれの生《しょう》においてかこの身を度せん
大衆もろともに
至心《ししん》に三宝《さんぼう》に帰依《きえ》し奉《たてまつ》るべし

花が開いて蝶《ちょう》が飛び来たり
また花が開いて彩《いろどり》を加える
木の実が実れば鳥が飛び来たり
木はその実を鳥に与える
青き空、緑豊かな山々の背景に

人身受け難し～→74ページ

花と木の実の彩が映《は》え、蝶が舞い、鳥が飛び交う
その何気ない大自然の育《はぐく》みを慈眼《じげん》のまなこで見守る人
それら全て仏の大慈悲のなすところ
仏が説かれた阿弥陀経《あみだきょう》に
常に種種の奇妙なる雑色《ざっしき》の鳥あり
白鵠《びゃっこう》、孔雀《くじゃく》、鸚鵡《おうむ》、舎利《しゃり》、迦陵頻伽《かりょうびんが》、共命《くみょう》の鳥なり

このもろもろの鳥
昼夜《ちゅうや》六時に和雅《わげい》の音《こえ》を出《い》だす
その声、五根五力《ごこんごうりき》、七菩提分《しちぼうだいぶん》、八聖道分《はっしょうどうぶん》
かくの如き等の法を演暢《えんちょう》する
それ極楽の世界
この世で見る者、柔和な慈眼をもつ者のみ

五根＝仏教の修行において根本的な五つの能力、信、精進、念、定、慧。
七菩提分＝七覚支。仏教における修行内容の一つ。悟

今ここに浄土に旅立つ者あり
仮の世の名○○○○こと送る戒名《かいみょう》を
如空柔然禅定門《にょくうじゅうねんぜんじょうもん》と号す
諦聴《たいちょう》せよ　思念せよ

柔然禅定門は昭和二十七年三月六日
父○○○○殿、母○○様の次男として
この世に生を受ける
幼きころより体は強くなく過ごすも
人に接しては和顔微笑《わげんみしょう》、友に交わりてはよく信実《しんじつ》
優しき心は動物などあらゆる自然に

りの七つの支分をなす項目。

八聖道分＝八正道。仏教の基本的な八種の実践法。正見、正思惟、正語、正業、正命、正精進、正念、正定。

何惜しみなく注がれる
地元の高校を卒業し、昭和四十五年より仕事に就く
然《しか》れども禅定門が三十二歳の時
大病を患《わずら》い手術を受けるも、その後入退院の繰り返し
その間二十年を越える長きにわたり病と闘い
病院の手厚い看護を受けるも
五十五歳で忽然《こつねん》としてこの世を去り、今やすなわち無し
ああ呼べども還《かえ》らず、訪ぬれども見えず
趣舎万殊《しゅしゃばんしゅ》にして静躁《せいそう》同じからずと雖《いえど》も
其の遭う所を欣《よろこ》び
暫《しばら》く己《おのれ》に得《う》るに当たりては快然《かいぜん》として自ら足り

趣舎万殊＝人によって行動が違うということ。「趣舎」は進むことと退くこと。または、取ることと捨てること。「万殊」はおのおのによって違うということ。生き方には人それぞれに違

老いの将《まさ》に至らんとするを知らず
命あるものは長寿も短命も造化《ぞうか》の道理に従い
終《つい》には尽きるに期するを知る
固《まこと》に死と生を一《いっ》にするは虚誕《きょたん》たり
ましてや長寿と短命とを等しく扱うは妄作《もうさく》たるを知る
山高く水低く、各々その天分を知り
即《すなわ》ち老いも若きもそれぞれ活眼《かつがん》を開いて
その本分をあらわすところ
一路《いちろ》仏の境地に入《はい》り、一意《いちい》安楽国に入る
今は亡き優しき貴殿を送るに
衷心《ちゅうしん》一句を以《もっ》て餞《はなむけ》とせん

いがあるということ。

静躁＝静かなことと、さわがしいこと。

快然＝気分がよいさま。

造化＝天地万物を作ったと考えられる造物主。

虚誕＝おおげさに言う嘘《うそ》。でたらめ。

妄作＝深い考えもなく、思いつくままに文を書いたり、物をつくったりすること。また、そのもの。本物でないもの。

頓捨他郷帰本国《とんしゃたごうききほんごく》　父子相迎入大会《ふしそうごうにゅうたいかい》

令声不絶具足十念称

南無阿弥陀仏

頓捨他郷帰本国＝たちまちに他郷を捨てて本国に帰る、の意。

父子相迎入大会＝父（である弥陀）が、子（である浄土に往生した衆生）を説法の大会の座に迎え入れる、の意

十月　寒露・霜降【かんろ・そうこう】

菊花開《きくのはなひらく》（菊の花が咲き始める爽やかな頃。）

蟋蟀在戸《きりぎりすとにあり》（野にいた蟋蟀が人家に近づいて、戸口で鳴くようになる。）

霜始降《しもはじめておりる》（北国では初めて霜が降りる頃。）

風流雲散《ふうりゅううんさん》（風のごとく流れ雲のごとく散る。）

月白風清《げっぱくふうせい》（静かで美しい秋の月の明るい夜の風情。）

眠雲《みんうん》臥石《がせき》（身を塵外の境地において、山間に悠々自適するさま。）

禮尚往来《れいしょうおうらい》（礼を受けたら礼で返す。礼は往来を尊ぶ。）

菊芳蘭秀《きくほうらんしゅう》（きく薫り高く蘭劣らじと花秀でる。）

黙守知存道《もくしゅみちをそんずるをしる》（黙して守り、そこに自然に道のあるを悟る。）

汗牛充棟《かんぎゅうじゅうとう》（蔵書がきわめて多いことの形容。本が非常に多くて、牛車に積んで運ぶと牛も汗をかき、家の中に積み上げれば棟木にまで届いてしまう。）

天高気清《てんこうきせい》（秋の空が高く、すっきりと晴れ渡り、空気がさっぱりしていること。）

平成二十年十月〇日寂
享年六十三歳

引導下炬《いんどうあこ》

人身受け難し〜↓74ページ

人身《じんしん》受け難し今すでに受く
仏法《ぶっぽう》聴き難し今すでに聴く
この身今生《こんじょう》において度《ど》せずんば
更《さら》にいずれの生《しょう》においてかこの身を度せん
大衆もろともに
至心《ししん》に三宝《さんぼう》に帰依《きえ》し奉《たてまつ》るべし

桐一葉《きりひとは》
桐の花は初夏に花を咲かせる
その花は淡い淡い紫色を映す
初夏の緑より薄く、高く木の上で咲くため
我らが目《もく》すこともあまりなく
然《しか》れどもそのもの静かなる風情は然許《しかばか》り美しく
古風な大和撫子《やまとなでしこ》の選《よ》り抜きなり
また桐は材として古《いにしえ》から重宝され
この国において筆や家具に用いられ、尊ばれる
更には、鳳凰《ほうおう》の止まる木として神聖視される
今ここに浄土に旅立つ者あり

桐一葉＝桐の葉が落ちるのを見て秋を知ること。衰亡の兆しを感じることのたとえ。
桐の花＝夏の季語
桐の実＝秋の季語
桐一葉＝秋の季語
然許り＝それほどまで。

仮の世の名○○○○こと送る戒名《かいみょう》を
一桐写瓶信女《いっとうしゃびょうしんにょ》と号す
諦聴《たいちょう》せよ　思念せよ

故人一桐写瓶信女は昭和二十年六月十九日
父○○○○殿、母○○様の次女として
土佐《とさ》の国にて受け難き人身を受く
両親の養育、地域の温かな思いやりを受け
自然の恩恵にあやかり、甚《はなは》だ活発に育つ
長じて、神戸に渡り職に就き
○○氏と出会い、二世《にせ》の契《ちぎ》りを結ぶ
三人の愛娘《まなむすめ》を授かり

一桐写瓶信女：「一味瀉瓶《いちみしゃびょう》」の「味」を「桐」に替えて戒名とした。仏の教えは、時、場所、機に応じて多様であり、その教法はそれぞれ異なる形で説かれるが、その本旨は一切差別なく同一である、ということを指して「一味」といい、その平等同一なる教法が遺漏なく師から弟子へと伝えられていくことを「瀉瓶」という。まさに一つの瓶の水が他の瓶にそのまま一滴たりともこぼれることなく、そっくりそのまま移されることをたとえた言葉で、教法が漏れなく皆伝相承される

優しく慈《いつく》しみながら、よくよく薫陶《くんとう》する
また、家庭を守りながらも飲食店を経営して
地域世間の人々とよく交わり、高き評価を受ける
十四年前、縁ありて信楽《しがらき》での田舎暮らしを始め
趣味の写真、お寺巡り、お菓子作りに精を出し
四人のお孫さんに「おばあちゃん」と慕われることを
喜び楽しみ、生きがいと受け止め、日々幸せに暮らす
然れと雖《いえど》も一度《ひとたび》病を得るや、医薬も遂に功を奏せず
近親の心からの看護もまた遂に及ばず
愛《いと》しき家族と別れ、親しき知人と離れ
無常の風の荒れすさむさま
桐の葉一葉《ひとは》が落つるが如く、忽然《こつねん》としてこの世を去る

ことをいう。三人の愛娘に
母の全てが伝えられている
ことを想い、戒名とした。
薫陶→82ページ

惜しむべし、悲しむべし

かくの如くなりと雖も
信女は仏を信じ、如来《にょらい》を敬い
仏の教えを瓶に見立ててそれをレンズに収め
尊き仏の教えを写真として携え
今より極楽浄土へ向かう
往詣楽邦《おうげらくほう》の門出《かどいで》に一句を以《もっ》て餞別《せんべつ》とせん
水瓶《すいびょう》を写して之を一瓶《いちびょう》に置くが如し

レンズに収め〜…趣味が写真であったことから。花が花瓶に入れられている写真を連想する。

往詣楽邦→43ページ

令声《りょうしょう》不絶《ふぜつ》具足《ぐそく》十念《じゅうねん》称《しょう》
南無阿弥陀仏《なむあみだぶつ》

引導下炬

人身《じんしん》受け難し今すでに受く
仏法《ぶっぽう》聴き難し今すでに聴く
この身今生《こんじょう》において度《ど》せずんば
更《さら》にいずれの生《しょう》においてかこの身を度せん
大衆もろともに
至心《ししん》に三宝《さんぼう》に帰依《きえ》し奉《たてまつ》るべし

平成二十年十月〇日寂
享年十九歳

人身受け難し～→74ページ

人の一生の浅き深き、人生一代の広き狭きは
齢《よわい》の多少によらず、年の如何《いかん》を論ぜず
齢若くして玉砕するあり、年老いて全うするあり
ただ望むは己《おのれ》を整えて法の道に従い
正しく迷いなき安心なる暮らしこそ
最上にしていとも尊く、いともありがたし
花の朝《あした》、月の夕べ
粒　粒《りゅうりゅう》辛苦《しんく》して育《はぐく》み育てし庭前《ていぜん》の菊一輪
一夜暴風暴雨あり
忽《たちま》ち花散り葉落ちて、枝折れ幹たおる
昨日の麗《うるわ》しき花の色今いずこ

過日の芳《かんば》しき花の香り今いずれ
その行方を知らず、その所在を見ず

今ここに浄土に旅立つ者あり
仮の世の名○○○○こと送る戒名《かいみょう》を
至岸直道信士《しがんじきどうしんじ》と号す
諦聴《たいちょう》せよ　思念せよ

霊位《れいい》は平成元年八月二日、父親の故郷
鹿児島県種子島《たねがしま》において受け難き人身《じんしん》を受く
縁ありてこの地信楽《しがらき》にてよく学びよく励み
長じては、両親兄弟姉妹によく親しみ

直道↓144ページ

つかえて愛情こまやかに
人に接しては常に和顔微笑《わげんみしょう》、友に交わりてはよく信実《しんじつ》
事を成すに専《もっぱ》ら誠心誠意、その学識識見《しきけん》の高く深く
その清らかなる気風は篤《あつ》く、将来を嘱望されしに
いたましく惜しくも一朝《いっちょう》不慮の災難を受け
あたら少壮有為《しょうそううい》の身を親族一同涙の中に
忽然《こつねん》として世を去り、今や即《すなわ》ち無し
ああ呼べども帰らず、訪ぬれども見えず
転《うた》た愛惜《あいじゃく》の情にたえず
涙滂沱《ぼうだ》として尽きる無し

然《しか》れども霊位《れいい》の心は此岸《しがん》にあり

あたら↓36ページ
少壮有為↓36ページ
転た↓36ページ

山はこれ山、水はこれ水
山高く水低く各々その天分《てんぶん》を発揚《はつよう》して余りなし
即ち云う、老いも若きも当所当所に活眼《かつがん》を開いて
その本分を現すところ
一路《いちろ》仏の境地に入《はい》り、一意《いちい》安楽場に入る
本日儚《はかな》き可憐な君を送るに
衷心《ちゅうしん》一句を捧げて永く袂《たもと》を分かつに餞《はなむけ》とせん

無心にして来たり、無心にして去る
生くるも死ぬも浄土を離れず
今や霊位は彼岸《ひがん》の仏の膝下《しっか》にあり
されど貴方《あなた》の情は永く此岸に残る

令声不絶具足十念称
南無阿弥陀仏

引導下炬

〇〇〇〇〇〇　〇〇〇〇〇〇〇
〇〇〇〇〇〇　〇〇〇〇〇〇〇

迷いの煩悩《ぼんのう》は仏道《ぶつどう》への道たり
生老病死の人間一生は菩提《ぼだい》への道たり

平成二十八年十月〇日寂
享年七十六歳

人間苦悩の生涯は極楽への道たり
無常の人生は浄土への道たり
月の光の輝くところに黒雲を生じ
菩提の道のひらめくところに人間生死の悩みあり

今ここに浄土に旅立つ者あり
仮の世の名○○○○こと送る戒名《かいみょう》を
浄誉義風《じょうよぎふう》行茂禅定門《ぎょうぼうぜんじょうもん》と号す
諦聴《たいちょう》せよ　思念せよ

行茂禅定門は昭和十五年八月○日
父○○○○殿、母○○様の長男としてこの世に生を受く

昭和四十年、○○様と二世《にせ》の契《ちぎ》りを結ぶ
二男の子宝に恵まれるも昭和五十年九月
痛ましくも妻を浄土に送る
然《しか》れども二人の令息を立派に鞠育する
支える者無しを貫きながら仕事も全うする
平成十七年、高岸寺《こうがんじ》五重相伝《ごじゅうそうでん》の会座《えざ》に連なり
浄土念仏の教義に接し、元祖法然上人《ほうねんしょうにん》の真《まこと》を学ぶ
七十余年の生涯、花開き実を結び
孫にも恵まれ、人の情愛に触れる
とはいえ、無常の風は時をきらわず
荒れすさむ生滅《しょうめつ》の因縁《いんねん》に忽《たちま》ち一命を失う

鞠育→53ページ

只今本来の面目《ありさま》現前するところ
安楽浄池《じょうち》に白蓮《びゃくれん》開いて
山も川も草も木も悉《ことごと》く仏の光を放ち
大自然は清く正しく麗《うるわ》しく
一切は仏法《ぶっぽう》にあり
若《にゃく》我《が》成仏《じょうぶつ》十方《じっぽう》衆生《しゅじょう》　称《しょう》我《が》名号《みょうごう》下《げ》至《し》十声《じゅっしょう》
若《にゃく》不《ふ》生者《しょうじゃ》不《ふ》取《しゅ》正覚《しょうがく》　彼《ひ》仏《ぶつ》今《こん》現《げん》在《ざい》世《せ》成《じょう》仏《ぶつ》
当《とう》知《ち》本《ほん》誓《ぜい》重《じゅう》願《がん》不《ふ》虚《こ》　衆生《しゅじょう》称念《しょうねん》必《ひっ》得《とく》往《おう》生《じょう》
誓字《せいじ》名号《みょうごう》　不《ふ》取《しゅ》正覚《しょうがく》の金言《こんげん》
豈《あに》汝《なんじ》を漏《も》らさんや
還郷《げんきょう》の端的《たんてき》に一句を餞別《せんべつ》とせん

金言（こんげん／きんげん）＝処世上の手本とすべき内容を持つすぐれた言葉。仏の口から出た、不滅の真理を表す言葉。

還郷→48ページ

生《しょう》もなく又滅《めつ》もなく垢《あか》つかず浄《きよ》からず
増すこともなく減ることもなし
これ仏法の真実《まこと》の相《すがた》なり

令声不絶具足十念称
南無阿弥陀仏

引導下炬

〇〇〇〇〇〇〇　〇〇〇〇〇〇〇

平成二十二年十月〇日寂
享年卒寿

○○○○○○○　○○○○○○○

《独り敬亭山《けいていざん》に坐す　李白《りはく》》
衆　鳥《しゅうちょう》高く飛んで尽き
孤雲《こうん》独り去ること閑《かん》なり
相看《あいみ》て両《ふた》つながら厭《いと》わざるは
只《ただ》敬亭山有るのみ

あの一群の鳥は高く空のかなたに飛び去り
一羽の影さえも留めぬ
ただ一片の雲が、ひとり静かに流れゆく
その折、山と自分は相《あい》対し

独り敬亭山に坐す：
《獨坐敬亭山　李白》
衆鳥高飛盡
孤雲獨去閒
相看兩不厭
只有敬亭山
〈現代語訳〉
あの一群の鳥は高く空の彼方に飛び去り、／一羽の影さえも留めぬ空にはただ一片の雲が、ひとり静かに流れて行く。／その時、山と私が相対したどちらも飽くことのないのは、／ただこの敬帝山だけである。

双方、飽くことのないのはただこの敬亭山のみ
子の親を慕《した》う、その慕う心は親より受けたる心たり
我らの身心は仏よりの賜物《たまもの》なれば
仏を慕うその帰依《きえ》の心はみな仏の力なり
仏心《ぶっしん》の現れたり　美しき礼拝《らいはい》の心
麗《うるわ》しき合掌《がっしょう》の心　清らかな信心は悉《ことごと》く仏の与え給う
成仏《じょうぶつ》への道たり　菩提《ぼだい》への道たり

今ここに浄土に旅立つ者あり
仮の世の名○○○○こと送る戒名《かいみょう》を
精誉善室楽宝禅定《しょうよぜんしつぎょうほうぜんじょう》尼《に》と号す
諦聴《たいちょう》せよ　思念せよ

孤雲独り去ること閑なり‥

この言葉から夫（戒名は雲誉光明宝林禅定門）が平成三年に浄土に旅立たれたことを連想する。

敬帝山＝須弥山《しゅみせん》。阿弥陀如来を同じとみる。

禅定尼は大正十年六月○日
信楽《しがらき》町長野《ながの》にて父○○○○殿、母○○様より
受け難き人身《じんしん》を受く
長じて、昭和十九年に○○家に嫁《とつ》ぐも
大戦中のため鈴鹿《すずか》市にて日本軍の仕事をして暮らす
昭和二十年十一月に杉山《すぎやま》へ帰り本家のお世話になるも
昭和二十二年に分家して新たな生活を始める
然《しか》れども戦後の窮乏《きゅうぼう》した時代
二つの部屋のみの小さな家からの出発
日々の暮らしを綴《つづ》る日記には一言の不満の言葉もなく
強い信念を持って過ごす

三人の子宝に恵まれるも、長男を生後まもなく亡くす
悲痛の苦しさを隠してその後
次男、三男をよく養育する
爾来《じらい》、孫、ひ孫に恵まれ、世話に従事する
昭和五十四年、五重相伝《ごじゅうそうでん》の会座《えざ》に連なり
蓮宗《れんしゅう》の奥義《おうぎ》を授かる
平成三年、苦楽をともにした夫を浄土に送る
而《しこう》して今、内に秘めた気骨な信心を持つ貴女《あなた》は
何ら乱すこともなく物静かに
桐《きり》の葉ひとつが枝から離れ落ちるかの如く
この世を去り浄土へ向かう
あの一群の鳥は高く空のかなたに飛び去り

蓮宗↓22ページ
而して↓54ページ

一羽の影さえも留めぬ
九十年の長き齢《よわい》の森羅万象《しんらばんしょう》が終わりを告げ
ただ一片の雲が、ひとり、静かに流れゆく
先に送りし雲誉光明宝林禅定門が必然、貴女を迎える
山と自分は相《あい》対し
双方、飽くことのないのはただこの敬亭山のみ
今、貴女は須弥山《しゅみせん》の阿弥陀仏《あみだぶつ》と出会い
迎え入れられ、極楽浄土へ進む
今や別れに臨《のぞ》み一句を以《もっ》て餞《はなむけ》とせん

須弥山↓180ページ

仏道の宝の山に登り～：故人とご主人の共通する戒名の文字「宝」を用いて、最後の一句を作る。

仏性↓42ページ

仏道《ぶつどう》の宝の山に登り
仏性《ぶっしょう》の宝の海に入《い》りて
信心の宝を得れば
仏となるに必ず疑いなし

令声不絶具足十念称
南無阿弥陀仏

十一月　立冬・小雪【りっとう・しょうせつ】

楓蔦黄《もみじつたきばむ》（蔦や楓の葉が色づく頃。）

山茶始開《つばきはじめてひらく》（山茶花《さざんか》の花が咲き始める頃。）

虹蔵不見《にじかくれてみえず》（虹を見ることが出来なくなってきた。）

朔風払葉《きたかぜこのはをはらう》（冷たい北風が木々の葉を落とす頃。）

雲行雨施《うんこううし》（雲が空に流れ動いて雨が降り、万物をうるおして恩恵を施すこと。）

水到渠成《すいとうきょせい》（学問を身につけると、それに伴って徳も自然に備わるということ。物事は手を加えなくても、時がたてば自然と望んだとおりになるということ。）

一葉飄零《いちようひょうれい》（一葉の木の葉が風にひらひらと落ちる。）

蟋蟀在堂《しっしゅざいどう》（こおろぎが家の中で鳴く季節となった。）

天涼人健《てんすずしくひとすこやかなり》（気候が良くなって人が健やかさを取り戻す。）

百禄是荷《ひゃくろくこれをになう》（多くの幸福を天より受ける。）

引導《いんどう》下炬《あこ》

《月下独酌《げっかどくしゃく》　李白《りはく》》

花間一壺《かかんいっこ》の酒　独り酌《く》んで相《あい》親しむもの無し
杯《さかずき》を挙げて名月を迎え　影に対して三人と成る
月既に飲《いん》を解《かい》せず　影徒《いたずら》に我が身に随《したが》う
暫《しばら》く月と影とを伴い　行楽《こうらく》須《すべか》らく春に及ぶべし
我歌えば月徘徊《はいかい》し　我舞えば影零乱《りょうらん》す
醒《さ》むる時ともに交歓《こうかん》し　酔うて後は各々分散す
永く無情の遊《ゆう》を結び　相《あい》期す遥かなる雲漢《うんかん》に

令和元年十一月〇日寂
享年九十一歳

花間一壺の酒～：

《月下独酌　李白》

花間一壺酒　獨酌無相親
舉杯邀明月　對影成三人
月既不解飲　影徒隨我身
暫伴月將影　行樂須及春
我歌月徘徊　我舞影零亂
醒時同交歡　醉後各分散
永結無情遊　相期遥雲漢

〈現代語訳〉

花の咲き乱れるところに徳利の酒を持ち出したが、相伴してくれる者もいない。

ここに新蓮華生《しんれんけしょう》
仮の世の名〇〇〇〇こと送る戒名《かいみょう》を
勇猛紫香《ゆうみょうしこう》精信士《しょうしんじ》と号す
諦聴《たいちょう》せよ　思念せよ

故人は昭和三年十二月〇日
静岡県にて生まれ難き人界《にんかい》に生まれる
二十歳《はたち》よりこの地信楽《しがらき》に根差し
建設業に従事すること絶え間なく
休みと言えば正月元旦の休みのみ
お酒と煙草《たばこ》を好み、愛し、ささやかに楽しむ
とは雖《いえど》も明けても暮れても四六時中

／そこで杯を挙げて名月を酒の相手として招き、月と私と私の影、これで仲間が三人となった。／だが月は、何しろ酒を飲むことを理解できないし、影はひたすら私の身に随うばかりだ。／まあともかくこの春の間、しばらく月と影と一緒に楽しもう。／私が歌えば月は歩きまわり、私が舞えば影はゆらめく。／しらふの時は一緒に楽しみ、酔った後はそれぞれ別れていく。／月と影というこの無情の者と永く親しい交わりをして、遥かな天の川で再会しようと約束するのだ。

妻〇〇様、長男〇〇殿のことを想い
一徹に働く
人生の終盤において自然と病を得
特別養護老人ホーム〇〇にて
阿弥陀如来《あみだにょらい》のお迎えを有難く頂戴する

諸行無常《しょぎょうむじょう》　一切万物は因縁によりて生じ
同じ有り様に常にあるものなし
是生滅法《ぜしょうめっぽう》　森羅万象《しんらばんしょう》は或《ある》いは生じ或いは滅し
流れ流れて移り変わる法たり
生滅滅已《しょうめつめっち》　世に寸時も変わらざるものなく
常にあるものなし

戒名の意味、理由
勇猛紫香精信士：この戒名を授けた理由は――
故〇〇〇〇様のお名前とお好きなものが酒と煙草ということで、「嗜好」という意味と音から「紫香」の二文字に書き換えた。「紫」は、紫香楽《しがらき》（信楽の別称）へ来られたこと、阿弥陀様の乗る紫雲《しうん》、煙草の煙を想って選んだ。「香」は、枕経の時にお線香やお焼香のお話をしたこと、お酒も煙草も香りがあり、ご子息の〇〇様も「香」の字のつく会社にお勤めだということ

寂滅為楽《じゃくめついらく》　自らの心を清めて心の目を開かば
無上の楽園はこの所にあらわる
往詣楽邦《おうげらくほう》の門出《かどいで》に一句を以て餞別《せんべつ》とせん
天の道は神の道たり仏の道たり
人の道も亦々《またまた》この大自然の道を離るること能《あた》わず
令声《りょうしょう》不絶《ふぜつ》具足《ぐそく》十念称《じゅうねんしょう》
南無阿弥陀仏《なむあみだぶつ》

から、選んだ。

また故人様は体軀が強かったこと、建設業に従事されていたことから「勇ましく猛々しい」というイメージが湧き、「勇猛精進」という仏教用語を選んだ。心を勇猛にして修行に励むこと。志して倦《う》むことなく専ら清浄潔白なる法を求めては智慧によって衆生を利益《りやく》する。まさに休むことなく肉体労働に従事して家族にご利益があるように精進されてきたのだと推し量ることができる。この仏教用語の三文字を拝借して○○様の戒名とした。

引導下炬

○○○○○○○　○○○○○○○
○○○○○○○　○○○○○○○

《相思《そうし》　王維《おうい》》
紅豆《こうとう》南国に生ず
秋来たれば幾枝《いくえだ》か発《ひら》く
願わくは君多く採《と》りつまばさめよ
此《こ》の物《もの》最も相《あい》思わしむ

平成二十六年十一月〇日寂
享年八十五歳

《相思　王維》
紅豆生南國
春(秋)來發幾枝
願君多采擷
此物最相思
〈現代語訳〉
紅豆は遙か南の故国に生ずる。秋が来れば幾つもの枝に実を付けるだろう。／君が多くを摘み取って、衣にくるんで蓄えるよう願っている。この物こそは互いに

花散り葉落つれども、その根本は一《いっ》に帰《き》す
露滴《したた》り水流れてあの川この渓《たに》、悉《ことごと》く大海にそそぐ
世にある一切のものは真実の一つに帰す
一つとは仏心《ぶっしん》なり仏性《ぶっしょう》なり、阿弥陀如来《あみだにょらい》たり

今ここに浄土に旅立つ者あり
仮の世の名○○○○こと送る戒名《かいみょう》を
励誉自彊無息禅定尼《れいよじきょうむそくぜんじょうに》と号す
諦聴《たいちょう》せよ　思念せよ

禅定尼は昭和六年五月○日
父○○○○殿、母○○○様の四人兄弟の長女として

思いあう相思の豆で、最もよく別離の心を慰めてくれるのだから。

仏性→42ページ

自彊無息／自彊不息＝君子は以て自ら彊《つと》めて息《や》まず。故人は家業仕事に励んでおられ、臨終の時も収穫後の豆を選別していた。突然のお迎えでした。

この世に生を受く
学を修め、親元を離れ
美容の職、伏見《ふしみ》の酒造の職に就くも
両親の勧めにより○○○○殿と二世《にせ》の契《ちぎ》りを結び
杉山《すぎやま》の地へ嫁《とつ》ぐ
これ時昭和三十年、御年《おんとし》二十五歳
○○家の家政に従い　不慣れな○○製造の家業
更に農業に専念する中
四男一女の五人の子宝に恵まれ
持ち前の優しさを惜しみなく子宝に注ぎ、立派に養育する
平成十七年秋に五重相伝《ごじゅうそうでん》の会座《えざ》に連なり
お念仏の奥義《おうぎ》を修める

毎年春彼岸《ひがん》、秋彼岸には
手作りのおはぎのお供えを欠かさず
先に送りし○○殿の供養をする
地域においてもよく交じり、よく接するも
この秋、突然の阿弥陀如来のお迎えを受ける

禅定尼八十有余年の春秋は夢と流れて
その長年月一生の諸事万端は去って跡なし
然《しか》れども、禅定尼の足跡《そくせき》引き継ぐもの多く
優しき心、仏心は常《とこ》しえに相続される

今や別れに臨《のぞ》み一句を以《もっ》て餞《はなむけ》とせん

足跡引き継ぐもの多く＝お供え、参拝の心構えがよく引き継がれている。

恵みの土の中に仏の影宿り
月の輝くところに心の水光る

今声不絶具足十念称
南無阿弥陀仏

引導下炬

〇〇〇〇〇〇〇　〇〇〇〇〇〇〇
〇〇〇〇〇〇〇　〇〇〇〇〇〇〇

恵みの土＝〇〇製造の粘土
のこと。

平成二十二年十一月〇日寂
享年九十六歳

《静夜思《せいやし》　李白《りはく》》
牀前《しょうぜん》月光を看《み》る
疑《うたご》うらくは是《こ》れ地上の霜かと
頭《こうべ》を挙げては山月《さんげつ》を望み
頭を低《た》れては故郷《ふるさと》を思う

我一人、静かな夜更け
寝床の前に月明かりが差し込み
月明かりの白さに霜が降りたかと疑う
光をたどり頭を挙げると
山に美しい月を眺める

《静夜思　李白》
牀前看月光
疑是地上霜
挙頭望山月
低頭思故郷
（意味は上記を参照）

自然とうなだれて故郷のことを思う

今ここに浄土に旅立つ者あり
仮の世の名○○○○こと送る戒名《かいみょう》を
累《るい》誉《よ》積《しゃっ》功《こう》妙《みょう》徳《とく》禅《ぜん》定《じょう》尼《に》と号す
諦聴《たいちょう》せよ　思念せよ

禅定尼は大正三年七月○日
信楽《しがらき》町○○にて
父○○○○殿、母○○様より受け難き人身《じんしん》を受く
長じて、○○家に嫁《とつ》ぐ
一男一女の子宝に恵まれ

百姓のかたわらよく養育する
昭和三十三年、五重相伝《ごじゅうそうでん》の会座《えざ》に連なり
蓮宗《れんしゅう》の奥義《おうぎ》を授かる
娘を嫁がせ、息子に嫁を迎え、二人の内孫を授かる
然《しか》れども昭和五十年、幼き孫たちを残して
嫁が浄土へ先立つ
是《これ》により孫たちの母親代わりとして家族を守る
立派に孫を育て、役目を果たす
平成四年に夫を送り
まもなく社会福祉法人施設◯◯苑で暮らす
月を眺めては故郷に思いをはせ

蓮宗↓22ページ

家族を思い出しつつ九十有余年の生涯を終え
浄土へと向かう

今や別れに臨《のぞ》み一句を以《もっ》て餞《はなむけ》とせん

低《てい》頭《ず》禮《らい》佛《ぶつ》在《ざい》此《し》国《こく》　挙《こ》頭《ず》已《い》入《にゅう》弥《み》陀《だ》界《かい》
頭《こうべ》を低《た》れて佛を禮拝《らいはい》して
頭を挙げればすでに弥陀界に入《はい》る

令声不絶具足十念称
南無阿弥陀仏

引導下炬

○○○○○○　○○○○○○
○○○○○○　○○○○○○

《劉景文《りゅうけいぶん》に贈る　蘇軾《そしょく》》
荷《はす》は尽きて已《すで》に雨を擎《ささ》ぐる蓋《かさ》無く
菊は残《そこな》われて猶《なお》霜に傲《おご》る枝有り
一年の好景　君須《すべか》らく記《しる》すべし
正に是《こ》れ橙《ゆず》は黄に橘《みかん》は緑なる時

平成三十年十一月○日寂
享年九十五歳

《贈劉景文　蘇軾》
荷尽已無擎雨蓋
菊残猶有傲霜枝
一年好景君須記
正是橙黄橘緑時
〈現代語訳〉
蓮の花は散り果てて、雨を防ぐ傘のようなあの葉ももう無い。／菊の花もしおれ

蓮《はす》の葉尽きたと雖《いえど》も蓮根《はすね》は池の底深く息を潜める
菊の花びら全て散り落ちても残りし枝が逆らうは
恰《あたか》も世相に立ち向かうごく小さき我々の如く
一年の好景　一生涯の好景は
正に是れ阿弥陀如来《あみだにょらい》は黄金色に　多羅菩薩《たらぼさつ》は緑に輝き
幾多数多《いくたあまた》の仏に迎えられる
而今《じこん》好機こそこの上ない好景
天地の間《かん》全ての事物は菩薩の現れたり
宇宙の間《かん》全ての業《わざ》は如来の心たり
花開き花散るこれ仏の有様
山高くそびえ新緑映え紅葉深きはこれ弥陀の行《おこない》たり
即《すなわ》ち我知る世にある一切のものは

てしまったが、それでも霜に負けずに胸を張る枝はやはりある。／一年の中で最も良い風景を、君、是非心に留めるべきだ。／今はちょうど、柚が黄色に熟れて、蜜柑《みかん》がまだ緑の（素晴らしい）季節なのだ。

已に雨を擎ぐる蓋無く：ご主人を先の戦争で亡くされていることから。

猶霜に傲る枝有り：気丈で働きものであることから。

純一無雑《まじりけなき》の阿弥陀如来と共にあり

今ここに浄土に旅立つ者あり
仮の世の名○○○○こと送る戒名《かいみょう》を
融誉《ゆうよ》紫雲《しうん》浄基禅定《じょうきぜんじょう》尼《に》と号す
諦聴《たいちょう》せよ　思念せよ

浄基禅定尼は大正十二年十一月○日
信楽《しがらき》町○○の父○○○○殿、母○○様より
受け難き人身《じんしん》を受く
長じて、縁ありて杉山《すぎやま》の○○家に嫁《とつ》ぐ
然《しか》れども当時の社会は世界大戦の真っただ中

頼りの若き夫○○殿のかけがえのない命を
日本国に捧げる
早すぎる別れ、無慈悲なる愛、傷《いた》ましい巡り合わせ
されども互いの家督を守るため
改めて昭和二十一年、同家の○○殿と二世《にせ》の契《ちぎ》りを結ぶ
三人の子宝に恵まれるも
長女を産後まもなく今生《こんじょう》の別れを余儀なくされ
先に浄土へと送る
家業の農業、林業に勤《いそ》しみ
家事に努め、子育てに力を注ぐ
家族の努力の甲斐あって家族円満なるも束の間
昭和五十二年八月○日、再び人生のどん底に突き当たる

仲睦まじく連れ添った夫○○殿を
早くも極楽浄土へ捧ぐることとなる
嗚呼《ああ》悲しきかな
然れと雖《いえど》も元より気骨ある浄基禅定尼は
若い時より歳を重ねるまで田畑へ出向き
朝な夕なに土と交わり、草を刈り、水と向き合い
晴天の陽《ひ》の恵みを喜び
ひと時の休みとなる暗雲を眺めては
いずれ迎えとなる紫雲を想い観《み》る
杉山の自然の中に仏の在るを体得する
満を持して昭和五十六年
高岸寺《こうがんじ》五重相伝《ごじゅうそうでん》の会座《えざ》に連なり

蓮宗《れんしゅう》の奥義《おうぎ》を空、風、火、水、地、山、樹木、田畑の
在り様になぞらえて念仏を心得る
人生の終盤を迎えては内孫、外孫に恵まれ
目を細めること多くなる
然れども平成三十年、一度《ひとたび》病を得るや
医薬も遂に功を奏せず
一族故旧《こきゅう》の至れり尽くす温かき看護を受けつつ
安らかに安らかに瞑目《めいもく》して他界に入《はい》る
恰《あたか》も紫雲悠々として山を越え
浪の静々《しずしず》として海に没するに相《あい》似たり
何の煩悩《ぼんのう》もなく、何の罪障《ざいしょう》もなし

蓮宗→22ページ

瞑目＝目を閉じること（「瞑目して祈る」）。安らかに死ぬこと（「家族に看取られ瞑目する」）。

即《すなわ》ち今清涼の世界に穏やかに坐るの風光
如何《いかん》が無上道を示さん
往詣楽邦《おうげらくほう》の門出《かどいで》に一句を以《もっ》て餞別《せんべつ》とせん

一生涯の好景とは
己《おのれ》の生涯の覚えに
弥陀三尊が紫雲に乗じて現れたることなり

今声不絶具足十念称
南無阿弥陀仏

十二月　大雪・冬至　【たいせつ・とうじ】

橘始黄《たちばなはじめてきばむ》（橘の実が黄色く色づく頃。）

閉塞成冬《そらさむくふゆとなる》（天地の気が塞がり、真冬になる頃。）

乃東生《なつかれくさしょうず》（夏枯草《かごそう》の芽が出る頃。）

心廣體胖春《こころひろくたいゆたかなるはる》（心にやましいところがなく、寛大に構えていると、体ものびやかでいられる。）

対牛弾琴《たいぎゅうだんきん》（牛に対して琴を弾いて聞かせる意から、何の効果もなく無駄なこと。）

瓶凍知寒《へいとうちかん》（花瓶の水が凍って寒気の訪れを知る。）

金契蘭結《きんけいらんけつ》（かねをも断つような強いちぎり。蘭のような香ばしい結びつき。）

明珠在掌《みょうじゅたなごころにあり》（尊い宝物はあなた自身にある。）

至道無為《しどうむい》（最高の道は無為自然である。）

和光同塵《わこうどうじん》（仏・菩薩が衆生を救うため、自分の本来の知徳の光を隠し、けがれた俗世に身を現すこと。）

引導下炬《いんどうあこ》

人身《じんしん》受け難し今すでに受く
仏法《ぶっぽう》聴き難し今すでに聴く
この身今生《こんじょう》において度《ど》せずんば
更《さら》にいずれの生《しょう》においてかこの身を度せん
大衆もろともに
至心《ししん》に三宝《さんぼう》に帰依《きえ》し奉《たてまつ》るべし

平成三十年十二月〇日寂
享年六十五歳

人身受け難し～→74ページ

それ朝《あした》に開くる栄華は夕《ゆうべ》の風に散り易く
夕《ゆうべ》に結ぶ命露《めいろ》は朝《あした》の日に消え易し
これを知らずして常に栄えんことを思い
これを暁《さと》らずして久しくあらんことを思う
然《しか》る間《ま》無常の風一度《ひとたび》吹きて
有為《うい》の露《つゆ》長く消えぬれば
これを慌野《こうや》に棄て、これを遠き山に送る
骸《しかばね》は遂に苔《こけ》の下に埋もれ、魂《たましい》は独り旅の空に迷う
嗚呼《ああ》悲しい哉《かな》

ここに新蓮華生《しんれんげしょう》、故〇〇〇〇の霊位《れいい》
白雲普照信士《しんじ》と号す

有為→142ページ

諦聴《たいちょう》せよ　思念よ

霊位は父上殿母上様より受け難き人身を受く
戦後から高度成長期に育てられると雖《いえど》も
華美なことは些《いささ》かもなく
○○殿の名前の如く普《あまね》くして心一つに
実直に一途《いちず》に一心《いっしん》に生きる
華甲《かこう》を過ぎ一旦仕事に区切りをつけ
ゆっくりと日々過ごす心積もり
然《しか》れども惜しくも一度《ひとたび》病を得るや
医薬も遂に功を奏せず
近親の心からの看護も遂に及ばず

なつかしき兄弟と別れ、親しき知人を離れ
無常の風の荒れすさむままに
樹木の葉の散るが如く忽然《こつねん》としてこの世を去る
惜しむべし、悲しむべし

天は一《いつ》を得て以《もつ》て高く
地は一を得て以て厚く
日は一を得て以て明らかに
月は一を得て以て清らかなり
人は一仏《いちぶつ》を得て以て正しき信《まこと》を発す
阿弥陀仏《あみだぶつ》のただ一仏を信じ、その本質を極め
本体を体得する処《ところ》に覚《さと》りの妙味をあらわす

仏は一切万物《いっさいばんぶつ》に融合して内にあり
すなわち万物を離れて仏なし
世にある一切の有様《ありさま》は全て仏の現れたり
故に仏と世の有様と本質とは畢竟《ひっきょう》
ただ一つにして二つなし

往詣楽邦《おうげらくほう》の門出《かどいで》に一句を以て餞別《せんべつ》とせん

踏み進む道は普く一筋に
踏み行う道は普く一心に
令声不絶具足十念称《りょうしょうふぜつぐそくじゅうねんしょう》

畢竟→90ページ
往詣楽邦→43ページ

南無阿弥陀仏《なむあみだぶつ》

引導下炬

〇〇〇〇〇〇〇　〇〇〇〇〇〇〇
〇〇〇〇〇〇〇　〇〇〇〇〇〇〇

《独り敬亭山《けいていざん》に坐す　李白《りはく》》
衆《しゅう》鳥《ちょう》高く飛んで尽き
孤雲《こうん》独り去ること閑《かん》なり
相《あい》看《み》て両《ふた》つながら厭《いと》わざるは

平成十八年十二月〇日寂
享年九十七歳

独り敬亭山に坐す↓247ページ

只《ただ》敬亭山有るのみ

今ここに浄土に赴《おもむ》く者あり
仮の世の名○○○○こと送る戒名《かいみょう》を
浄誉《じょうよ》思《し》聞名《もんみょう》　教《きょう》禅定尼《ぜんじょうに》と号す
諦聴《たいちょう》せよ　思念せよ

禅定尼は明治四十二年九月五日
信楽《しがらき》町○○の○○家にて受け難き人身《じんしん》を受く
長じて、昭和三年杉山《すぎやま》の○○家に嫁《とつ》ぐ
その後子宝に恵まれるも同年同月、早くも不幸にあう
幼くして子供を浄土に送る

昭和四十六年、御主人様を送り
平成十年には先に愛娘《まなむすめ》の長女を見送り
翌年またもやお婿《むこ》さんまでも旅立たせる
これまで九十有余年の禅定尼の人生は
我が子と御主人様を送るたびに
何と出会い、何を知り、何を得てきたのか

相看て両つながら厭わざるは只敬亭山有るのみ
禅定尼にとりて相対《あい》した敬亭山は
阿弥陀仏《あみだぶつ》の座すところの須弥山《しゅみせん》のみ
禅定尼が拠《よ》り所としてきたのは
南無阿弥陀仏の名号あるのみ

須弥山→180ページ

念仏の心を悟り淡々と暮らすも九十有余年の長年月
本年より徐々に体調をくずし
然《しか》るに今や一生の名残を惜しむ家族親族に見守られ
安らかに蓮華台《れんげだい》上に眠る

今や別れに臨《のぞ》み一句を以《もっ》て餞《はなむけ》とせん

早くに我が子を送り
先に主人を見送り
今孫に看取られ
我はただ目前に須弥山をながむる

令声不絶具足十念称
南無阿弥陀仏

引導下炬

〇〇〇〇〇〇〇　〇〇〇〇〇〇〇
〇〇〇〇〇〇〇　〇〇〇〇〇〇〇

極楽は人生の悩みの中にあり
浄土は儚《はかな》き娑婆《しゃば》世界の無常の中にあり
蓮《はす》はにごれる水より出でて

平成十四年十二月〇日寂
享年九十三歳

愈々《いよいよ》清く、益々麗《うるわ》し
月に叢雲《むらくも》、花に風
娑婆世界の苦悩を離れて仏法《ぶっぽう》の楽園あることなし
古人曰《いわ》く、娑婆即《すなわ》ち寂光浄土《じゃっこうじょうど》
人のこの世に生を受くるはかたく
仏法に相遭《あい》うことまれなり
然《しか》して仏の正法を耳にするは有難し
今我ら宿善の助けによりて
受け難き生《せい》をこの世に受け
遭い難き仏法に遭い奉《たてまつ》る
我ら一切衆生《しゅじょう》は仏の中に生まれて暮らし
仏の中においてその一生を送り

月に叢雲、花に風＝世の中の好事には、とかく差し障りが多いことのたとえ。

寂光浄土＝仏の住む安寧《あんねい》で清らかな世界。また、すべての煩悩《ぼんのう》（成仏《じょうぶつ》のさまたげとなる心の働き）から解放された究極の悟りの境地。

死しては再び仏の故郷《ふるさと》に帰る
生も死も共に仏を離れず
幸い何ぞこれに勝《まさ》れる
立つも座るも貴《とうと》きご慈悲の力
行くも還《かえ》るも悟りの道
山の色、谷川の水の流れも仏の御姿、菩薩《ぼさつ》の御声
ありがたや　とうとしや

今ここに浄土に旅立つ者あり
仮の世の名○○○○こと送る戒名を
齊敬《さいきょう》院《いん》光《こう》誉《よ》浄覚《じょうがく》智《ち》明《みょう》大姉《だいし》と号す
諦聴《たいちょう》せよ　思念せよ

大姉、世にあること九十有余年の長き長き年月
大姉は明治四十二年十一月五日
この地杉山《すぎやま》の父○○○○殿、母○○様の二女として
受け難き人身《じんしん》を受く
長じて、当地の○○家に嫁《とつ》ぐ
一旦は一男二女の子宝に恵まれるも
早くに愛《いと》しき娘を亡くす
悲しみを我が身の内に留めて
よく一男一女を養育する
淡々として人生の流れに従い
晴天と共に時に雨あり風ありと雖《いえど》も

よく家を守りて家政を整え
先に浄土に赴《おもむ》きし夫を内助の功としてよく支え
亡き夫の積善を助けること
近隣の者のよく知るところなり
家中よく和《なご》やかにして家門の隆盛を来たし
更に又日々祖先を尊びて仏道《ぶつどう》に親しむ
然れども、当地においてまだ若くしての訃報《ふほう》を受け
悲しみに打ち沈み、病を得て四大不調を感ずるや
至れり尽くす温かき家族の看護を受けつつ
安らかに安らかに如来《にょらい》の蓮華台《れんげだい》上に眠る

蓋《けだ》し人生の幸いなるかな

今や別れに臨《のぞ》み一句を以《もっ》て餞《はなむけ》とせん

心の水の澄むところに仏の影宿り
仏の月の輝くところに心の水光る

令声不絶具足十念称
南無阿弥陀仏

あとがき

本書を手にとってくださった皆さまへ

最後までお読みいただき、ありがとうございます。「引導《いんどう》を渡す」というと、世間では一般に「縁を切ること」の意味でも用いられますが、本書『浄土への誘《いざな》い』を通じて、こうして読者の皆さまとご縁を結ぶことができましたことを嬉しく思います。

本書の冒頭にも書きましたように、「引導下炬《いんどうあこ》」とは、葬式の導師《どうし》である僧侶が、亡くなられた方の「人となり」やその方の「人生の歩み」を振り返りながら極楽浄土へと誘《いざな》う「はなむけの言葉」だと捉えています。人は誰しも「最期のとき」を迎えます。その最期のセレモニーである葬儀の場で、僧侶からどのような「はなむけの言葉」を掛けてもらいたいか……と己《おのれ》の人生を遡《さかのぼ》って考えてみると、これからの生き方も変わってくるのではないでしょうか。

全世界で三〇〇〇万部、国内でも二二〇万部を超えて今も読み続けられるスティーブン・R・コヴィー著のビジネス書のベストセラー『完訳7つの習慣』（キングベアー出版）にも、「自分の運命を自分で切り開いていくには、人生の終わりを思い描くことからはじめるべき」と記されています。また、空海上人《くうかいしょうにん》は「身與華落心将香飛――身は華《はな》とともに落ちぬれど、心は香《こう》とともに飛ぶ」と説かれています。つまり、故人の死後もその方の〝心〟や〝生き様〟といったものは、遺族や周囲の人々に影響を及ぼすということです。

本書にも記載したのですが、遺族の方が法要や折々に引導下炬に目を通して、故人を偲《しの》ばれることもあります。そうなれば、引導下炬はもはや故人への「はなむけ」だけでなく、遺族あるいは子孫に遺したい「想い」を伝える手段ともなり得ます。

近年、書店などで、「終活」の一環としてこれまでの人生を振り返り、自分の考えや家族への想いなどをまとめて残しておく「エンディングノート」を目にする機会も増えました。人生の終盤においてだけでなく、もしも常日頃から、自身の引導下炬の一文に入れたい行いや想いはどのようなものかを意識し、佇《たたず》んで思惟《しゆい》していただければ、自ずと歩むべき道がわかり、遺しておきたい想いや言葉も見つかるのではないでしょうか。

本書が皆さまの人生の指針や心の拠《よ》り所となれば幸いです。

ありがとうございました。

引導を作成される僧侶の皆さまへ

拙僧は浄土宗の僧侶の資格となる加行《けぎょう》を終了し、さあこれから修行を重ねようとしていたその矢先に父である先代の住職が遷化《せんげ》したことで、いきなり「引導下炬」を作るはめになり、大いに慌てふためきました。当時、拙僧は二十三歳。引導のことなど一切知らない無学浅識《むがくせんしき》な拙僧を見かねて、浄土宗の浄顕寺の住職であった兄から「参考にすべし」と手渡されたのが、昭和四十七年に刊行された早川鉄翁《てつおう》による『わかりやすい言葉の引導香語集』（大東出版社　以下『香語集』）でした。

当初、拙僧はそこから闇雲に文章を選び、それらを継ぎ合わせて作成する（いわゆるコピー&ペースト）という方法で、形だけの引導下炬とし、その局面をなんとか凌いでいました。思い返せば、付け焼刃で心ないことをしていたものです。

それから、機会があるごとに『香語集』を読み込み、その内容の理解に努めました。また、僧侶として自身も実際に多くの葬儀式に立ち会うことで浄土の有様、浄土へ向かう中陰、人がどのようにして浄土へ誘われるかという人間の一大事を学んできました。そうした中で、徐々に『香語集』をアレンジしたり、独自の解釈を加えたりするようになり、次第に故人の経歴に合わせてオリジナルの引導下炬を作成できるようになってきました。

ご存知の通り『香語集』は、古い書物であるがゆえに、現代の言葉ではなく古文調のような文章でまとめられており、また難解な仏教用語が並んでいます。ただ、たとえ難しい仏教用語の連続であっても、重厚なリズム感にのせて読誦すれば参列者の心に染み入り、共感していただけるものです。このことから、引導下炬はその内容もさることながら、古文調のような言葉が持つ響きや音のリズムも重要なポイントであるという思いに至りました。

そのことに気づいて以降は、詩吟のテーマである李白や杜甫の漢詩、拙僧が学んでいる書道の課題である王義之《おうぎし》の「蘭亭序《らんていじょ》」や「李嶠詩《りきょうし》」の書の訓《よ》み下し、さらには演歌やJ－POPの歌詞からも、〝リズムや響きがよい音〟を持つ言葉を拾って引導下炬に加えられないかと思考するようになりました。参列者の皆さんに訴えかけるべく、季節を感じられる言葉なども積極的に採り入れるようにしています。

本書は、そうした季節感も意識して一月から十二月まで月ごとに編集してありますので、命日に合わせて検索し、内容を吟味していただければと思います。

遺族の方から「いいお葬儀式でした」「故人を偲ぶいい引導でした」という言葉を掛け

られれば、僧侶冥利に尽きるというものですね。そのような言葉が数多く拝聴できるよう、これからも互いに精進してまいりましょう。
本書を手にとっていただき、ありがとうございました。

二〇二四年二月

浄土宗　龍王山　清浄院　高岸寺　住職　長谷川善文

長谷川善文　はせがわ よしふみ

一九六七年、滋賀県甲賀市信楽町生まれ。
一九九〇年、大正大学文学部卒業。
一九九一年、浄土宗北米開教区勤務。
一九九二年、浄土宗龍王山清浄院高岸寺住職。
趣味は書道（準師範）、シニアサッカー。

浄土《じょうど》への誘《いざな》い
——想《おも》いが伝《つた》わる「引導《いんどう》」集《しゅう》

二〇二四年三月一三日　第一刷発行

著　者　長《は》谷《せ》川《がわ》善文《よしふみ》
発行者　堺　公江
発行所　株式会社講談社エディトリアル
郵便番号　一一二−〇〇一三
東京都文京区音羽　一−一七−一八　護国寺ＳＩＡビル六階
電話　代表：〇三−五三一九−二一七一
　　　販売：〇三−六九〇二−一〇二一
印刷・製本　株式会社新藤慶昌堂

定価はカバーに表示してあります。
落丁本・乱丁本はご購入書店名を明記のうえ、講談社エディトリアル宛てにお送りください。送料小社負担にてお取り替えいたします。

ISBN978-4-86677-140-3